争議屋

戦後労働運動の原点

平沢栄一

論創社

本書は一九八二年刊『争議屋』の増補版である。

争議屋——戦後労働運動の原点　目次

Ⅰ　争議以前

1　石原製鉄と倒産の初体験

わたしは一九二五（大14）年に新潟県小千谷に生まれた。生家は呉服商を営んでいたが、店を構えて商売するのではなく行商だった。小学校に入学するころ新潟の家をひきはらって東京の日本橋にでたが、尋常小学四年のとき商売がうまくいかなくなって池袋に移った。それで池袋の尋常小学校に転校して四〇（昭15）年三月に高等小学校を卒業した。

何とかして上の学校にいきたかったが、経済的理由と長男だからうちの仕事をやれということで、おやじと一緒に自転車の荷台に反物を載せて東京市内を一年ばかりぐるぐる回って商売をしていた。

そのかわり夜学校（巣鴨商業学校）にいかせてもらうことにした。ところが、当時戦争がだんだん激しくなってきて、呉服の統制とかいろんな問題が起きてくると、よそへ就職せざるを得なくなった。そこで学校に行くためにはもっともいきやすいところということで、知人の紹介で小石川郵便局（庶務係）の就職試験を受けて合格した。月給は三三円ということだった。

しかし、郵便局というのは官庁だから、自分の実力で将来を切り開くわけにはいかない。むしろ学歴とか公務員試験（当時は高等官試験とか逓信講習所試験）ですべてが決まるから、そういうところに勤めてもあまり意味がないじゃないかと思った。

迷っていたところたまたまある友達から、石原産業の海外事業部というところで給仕みたいな仕事を募集しているのでどうかという話があった。石原産業はいまでもある大会社だが、夜間の学校をでた人間でも、卒業するとただちに中学出の扱いで職員に登用してくれたし、仕事の内容がマレーとかフィリピンといった南方関係だったので、大変魅力を感じ五月頃に入社した。

たしか月給が一六円五〇銭（日給五五銭で日給月給）だった。ただし、丸の内のパウリスターという一流レストランの昼食券（五〇銭の洋食券）を二五枚発行してくれた。当時、もりそばが七銭から一〇銭だから、その内容は大したものだった。昼食券で友達をよくご馳走したので、券が一〇日くらいでなくなることがよくあった。

ちょうど四一（昭16）年の半ばごろから日本軍の政策が大陸中心から太平洋中心に変わってきて、いったん戦争が起こったばあい、南方の鉱山資源をもっともよく知っている石原産業海外事業部が、その尖兵の役割を果たすことになるはずだった。

重要な部署だから東大をでているような人がウロチョロ、ウロチョロいて、戦争がはじまる前はろくに仕事もしないで本を読んでいた。

ところが四一年一二月八日に太平洋戦争がはじまると、石原産業の海外事業部はがぜん行動を開始した。わたしはお茶を汲んだりなど給仕の仕事もしたが、仕事の中心は海外に行く連中の渡航申請手続きだった（戦後になって、いま兵庫地本大阪機工支部委員長の小山欽三さんのお兄さんも当時石原産業に籍があって、南方にいって再び帰ってこなかったことを知ったが、その渡航手続きはわたしがやったと思う）。

そういう仕事をしていたから、学校をでたら軍隊にいくより南方の仕事をやりたいという気持をもっていた。いずれにせよ太平洋戦争がはじまる前後の緊迫した状況を、石原産業で大変よく知ることができた。

戦争がだんだん激化してくる最中でも詐欺師はいるもので――戦争中の詐欺事件をテーマとした『花咲く港』という有名な映画もできている――、資源が枯渇してきて、特に鉄鋼関係の生産が大変苦しくなってきたことに便乗した詐欺師もでた。名前は忘れたが、葛飾区のある詐欺師が、長領という海軍大佐をつうじて、砂鉄から鉄がただちにできるという実験を示すと、軍はそれに乗り気になった。

中国でも大躍進のときに砂鉄工場をいっぱいつくって失敗しているが、詐欺師を信用した軍が石原産業に「砂鉄で鉄をつくる会社をつくれ」と命じたので、四二（昭17年）ごろに石原製鉄ができる。そこでわたしは新しくできたその会社に移った。

日本で最初の原子力船〝むつ〟の母港問題で有名な青森県の大湊にある日本特殊鋼管の子会社を買収して、そこに本格的な砂鉄工場をつくるということになった。

有楽町の石原産業海外事業部のすぐそばの毎日会館に、小さな事務所をつくって新会社は発足した。そのときからそこで仕事をしたが、銀座七丁目の資生堂を「軍の命令」で一日で立ち退かせたことにはびっくりした。そこの二階にも事務所をつくったがそこが狭くなると、銀座四丁目の京橋寄りに伊東屋（文房具店）というのがあるが、そこの六階から八階も乗っ取って、大学出の優秀な人を集めて石原製鉄の本社活動と製鉄の仕事をやりはじめた。

ところが実は詐欺で倒産をする。だから私の一番最初の倒産の経験は会社ができたとたんの、それも詐欺による倒産ということだった。会社の発足から倒産までをつぶさに経験した。

石原製鉄が潰れると、同じ石原産業の系統で日南造船というのができたので、今度はそこに入った。四三（昭18）年だったと記憶している。事務所はのちに全印総連細川活版争議で有名になった泰明小学校前の東海ビル（西銀座）だった。

戦争がどんどん激化してくると船が魚雷でやられるから、資源を南方に求めて日南造船はセレベス（インドネシア）の現地で、木造船をつくることになった。

当時、卒業が繰上げになって、四三（昭18）年一二月には巣鴨商業の夜学を卒業できるという見通しがついたので「ぼくもセレベスに行こう」と決意した。

それで乗船の予約の話を進めたが、男の兄弟がいないものだから親に猛反対をされた。「何も自分から進んでそんなところにいく必要はない」ということで、ついに南方にいくことは諦めざるをえなかった。

そうなると、日南造船の仕事は事務系統の仕事だったから、夜学に通っている間は世間も大目にみてくれたが、当時は徴用令で強制的に工場に入れられることもあったほどだから、この戦争中に一七、八のいい若者が事務の仕事をしているとは何事だという雰囲気があった。

日南造船は終戦まであった会社だが、そういうわけでその会社の人の紹介で、卒業と同時に東洋通信機(組合は現在電機労連)に中卒の資格で入社した。

当時の職制は事務系統は石原産業では、参事・主事・書記・書記補と分れていた。大学出が書記で中学出は書記補ぐらい、小学校をでて夜学にいっているのは雇員ということだった。東洋通信機では職員・準職員に分れ、現場関係に技師、技師補、技手、工員という名称があり、小学校出の工員はよほどのことがないと準職員にもなれなかった。しかし夜学であっても中学出は一応準職員だった。

ところが商業出の連中でも現場に回されるが、技手にするわけにはいかないし、かといって工員にすることもできない。工業学校出の連中は技手とか技手補という名前がついたが、商業出、中学出の連中は中途半端なものだから、準職員ではあるけれども工業学校出と同じ扱いということにはならない。三ヵ月ぐらい「オームの法則」とかなんとか物理学の基礎を叩き込まれてから現場に回されたが、名前の付けようがなくて技工員という名前だった。

住友系の会社は大体どこでも同じだが、門が二つあった。工員と職員の門が違う。そういうように、戦前は実に厳しい状況だった。わたしたちは仕事の内容は工員であるけれども、門を入るときは中学出だということで職員の門から入れた。というのは当時中卒の資格を持っているのは一一%（昼間部は八～九%）くらいで、だから夜学出といっても一応エリートの部類に入った。

しかし工業卒と違って、私たちが学校で教わったのは貸借対照表がどうで、商売はいかにもうけるかなんていうことだったから、仕事の内容は工員に毛の生えたようなものだった。

そうはいっても中学出ということで、三ヵ月間訓練されてから、検査課というところに回されて、工員よりちょっとむずかしい仕事をやらされた。中卒だからある程度訓練すればできるだろうということで、搬送電話機（逓信省）とか携帯手電話機（陸軍）の仕事をやらされた。

2　東洋通信機でのストライキ事件

東洋通信機には軍隊にとられる一九四五（昭20）年四月まで勤務したが、四三（昭18）年ごろから戦争の末期にかけては、どこの会社も徴用令で工員を強制的に雇い入れていた。そこで労働者といっても、贋の労働者と本物の労働者に分かれているということを知った。

東洋通信機で搬送電話機あるいは携帯手電話機をつくっていたわけだが、東条英機（当時の首相）の「一足す一を三にしろ」という命令があってから、われわれ技工員つまり贋の工員は、とにかく検査に通ればいいんだと考えた。

いまのようにＩＣとかマイコンみたいな小さい正確な部品ではなくて、コイルとコンデンサーを組み合わせて漏波器をつくり、それで周波数を変えて、一本の線で三通話なり四通話の話ができるようにする電話機だから、パラフィンでリード線をうまく押えれば、検査官が検査したときだけは合格する。しかし、すぐ壊れるかもしれない。

軍隊にいってはじめて携帯手電話機が軍の死命を制するものだということに気がついた。戦後になって部隊が全滅の危機に瀕し、本隊に電話機で連絡する戦争映画の場面を見ると、もしかするとその時に電話器が故障したりして、そのために死ななくてもいい兵隊が死んだんじゃないか、と申し訳ない気持になった。贋の労働者にもほんの少しの良心はあり、戦後になって深く後悔した。

東洋通信機のばあいでも、工業学校をでた連中や小学出の工員（徴用工ではない）はやはり「一足す一を三にしろ」といわれてもごまかしはしなかった。彼らは本物の労働者だった。われわれみたいな商業学校をでて、ソロバンはうまいかもしれないが、三ヵ月の速成教育で技工員なんて名前をつけられていた連中がごまかしをやった。ぼくが検査課の時には恥しい話だが、いかにインチキをして生産性を上げようか、上げれば上には思し召しがいいなどという程度の低い考えだった。

そういう戦争中のいいかげんなやり方というものが、六〇（昭35）年以降に増えてきて、敦賀原発のような重大な事故につながっているように思う。原発の事故の原因は、全国金属の労働者がつくった部品だから知っているが、その連中に聞くと実に危ないバルブ・ポンプ等の部品を納めているという。たとえばパイプにスが入っているのを、ガラスセメントなどでごまかして検査を通したりしている。

また、高圧容器の検査が義務づけられているけれども、企業と当局は検査をサボっている事実がある。それをもし告発して、高圧容器が回収ということになれば、その会社は潰れてしまう。そういうことからすると、戦時中にわたしたちのような贋の労働者が権力に迎合するかたちで生産性だけ上げればいいんだというやり方をしたそのやり方が、特に最近再び起こっているような気がしてならない。

東洋通信機で四五年の三月にちょっとした事件を引き起こした。三月初めのある日、たまたまビールの配給があり、わたしが翌月には兵隊にいくことと、課長とわたしが大ゲンカしたこともあって、次の日、生ビールを一升ビンに詰めて課の連中六人ほどで鎌倉に遊びにいった。

ところが一緒にいかなかった技工員や乙種工業学校をでたやつは、ぼくらが出社していないのでみんな現場を引き上げた。いわゆる二派があって本物の工員は出勤していたが、商業学校や乙種工業学校をでたやつはぼくらが休んだものだからみんな休んじゃって、仕事が止まった。

それで徹底的に取り調べを受けた。こちらも対策をねって、四月一日に軍隊に入るわたしとあと先輩格の二人の計三人で鎌倉へいったことにして責任を取り、あとは頭が痛かったとか腹が痛かったので休んだことにしようと打ち合わせた。

ところが三月九日に大空襲があって先輩格の一人（深沢君という）が死んだり、わたしの入隊が近づいたり、工場の疎開問題が起こったりしたので、われわれの追求どころではなくなってその件はついにうやむやになった。

それまでも食堂の女の子をちょろまかして監督官の飯を食ったり、会社の部品を持ちだしたり、タイムレコーダーの時間をごまかしたり、若さにまかせて相当いろんな悪いことをやったが大して厳しくはなかった。それなのにたまたま課の主要なやつ六〜七人がいないので他の連中も帰ったりしたのが、なぜそれほど厳しく追求される問題なのか、正直のところその正確な理解は戦争が終わって、労働運動を知るまでわからなかった。

いまになって思えば東洋通信機の本社工場は、港区芝三田四国町で、日本の労働運動の発祥地（現在同盟本部）のすぐそばであった。それだけにストライキであるとされて、かなり取締当局がうごいたのではないだろうか。東洋通信機では、戦前の労働者の生活の一端を体験することができた。

3　夜間商業学校の授業

わたしは商業学校出だが、労働運動に入って経理問題をやるようになると、その知識が大いに役立った。

考えてみると商業学校の夜間部というのはひどいもので、簿記の先生でいまでもおつきあいをさせてもらっている金谷勇先生（立教大学出身、上原謙と同級）というのは、簿記のつけ方を知らない先生だった。それで何をいうのかと思ったら、「簿記なんていうのは、女の子のやる仕事だから何も知る必要はない」という。ひでえ先生だと思ったが、T字型講座というのを教えてくれた。

つまりバランスシートの関係、貸借対照表のそれだけを覚えておけばあとは何とかなるという。それから減価償却論、要するに減価償却がわかればいっぱしの仕事ができるという。事実ある会社で減価償却を忘れて利益計上をして、もうけたもうけたとやっているうちに機械がおかしくなって倒産をした例がある。

それから借金についても、借金は簿記では財産であるという。中途半端な借金はだめだけれども、でかい借金は本人の信用がある証拠だとか、夜学だけにそういうことはよく教えてくれた。その先生が戦後になって、ある事件で相談にみえて、力をかしたことがある。

金谷先生は、その頃は山内製薬の部長をやりながら、財産家なので新宿に工場を持っていた。山内製薬との関係で工場の経営に直接タッチすることはできず筆頭株主ということだったが、その会社の信頼していた経営者が造反したという。そこで「どうしたらいいか」と相談にみえた。

高山勘治さん（現全金委員長）が新宿地区労の議長をやっているときだったが、金谷先生の弟さんがそこの会社にいたので、その弟さんを中心にして組合をつくって、造反した経営陣の追いだしをやった。

それから全金の組織でリーダー機械という会社での事件があった。商業学校は尋常小学校をでてすぐ入るのが五年制で、ぼくのように高等小学校をでて入るのが四年制だが、五年制をでた人がそこの会社の社長か重役で金谷先生の教え子だった。それで金谷先生が相談にみえた。解雇された全金組合員は、飯場のケンカで殺人事件に関係していて有罪になり、刑務所に入っていたことがあるのにその事実を隠していた。そこで、履歴詐称で解雇されたらしい。

それにたいして、全金が埼玉地労委に不当労働行為の申立てをしていた。金谷先生は、「全国金属が履歴詐称を認めないのはおかしい」といってきたが、わたしは、「刑の終わった人間が雇ってくれるところがなくて仕方なしにやったことなのに、解雇されるなんてそんなばかなことがあるものか」といってやり合った。

ところが埼玉地方労働委員会では解雇された彼が負けてしまった。先生からそれみろといわれたが、中央労働委員会ではひっくりかえり彼の解雇が取消されたので、今度はわたしの鼻が高くなった。

経済にもおもしろい先生がいた。「人間の歴史は常に闘争の歴史で、闘争のない時期はないんだ」とかと、マルクスのいうようなことを戦争中に教えていた。四年生の主任の佐藤先生（霧島昇を福島県の小学校で教えたと鼻を高くしていた）には、俳句を無理やりにやらせられた。成績にひびくため向島の百花園などの句会にでたこともあった。

夜学の先生はそういう先生方だから、その点あとで大きく役に立った。だからすぐには、効果のないような話でも、よく聞いておくということは大事なことだと思う。

4　第一航空情報連隊の移動と全金争議の因縁

戦争が激しくなって一九四三（昭18）年に学徒出陣がおこなわれる。それと同時に徴兵年齢が一年繰り上げられて、二四（大13）年、二五（大14）年生まれが、四四（昭19）年の七・八月に一緒に兵隊検査をした。

わたしのばあいは通信機という戦争に必要な仕事をやっていた関係で、一二月になってから現役召集の通知がきて、入隊は終戦の年、四五（昭20）年の四月ということになった。一緒に検査を受けた人たちのほとんどは四四年九月の入隊で、一二月ごろまでにはほぼ全員が入隊していた。

わたしの入隊したのは静岡県磐田の第一航空情報連隊というところで兵科は情報兵だった。

第二次世界大戦で負けたのは基本的には資源の不足だったが、ミッドウエー作戦でも何でもまず情報戦で負けたということもいえると思う。それほど情報ということは大事なのに、この第一航空情報連隊ができたのは四二（昭17）年十月だから、いかに電探関係が遅れていたかがわかる。

それから情報兵という兵科もそれまではなかった。四四年一二月にはじめて情報兵という兵科でとったので、わたしの本籍地の小千谷では、はじめての兵科で、情報兵でとられたのは私だけのようだった。おそらく通信機をつくっていた仕事の関係で情報兵として取られたんではないか。

いってみたら全国から電気関係学科を勉強していたとか、無線を専門にやっていたとか、暗号関係とか、発動機関係とか、そういう人たちが集まっていた。

入隊したことはしたが、しかし所属が一向に明確じゃなかった。イロハに分かれていてぼくのばあいはハだが何の訓練もない。しかも三中隊でありながら、八中隊の兵舎にいる。

航空部隊だから服なんかは一装、二装、作業衣とわりに良い物をくれて、靴も足に合わせてくれていたようだが、わたしたちイロハに編入された情報兵はボロ服一着の支給で、ときどき土方をしたり徒歩訓練をしたりするだけだった。中学三年か四年の特別幹部候補生の下士官が教育に当たっていたが、情報兵としての正式な教育はなかった。

そういうことで一週間、二週間とたっていったが、そうしているうちにイの連中が夜中にたたき起こされて、これから鞍山（旧満州現中国東北）にいくということになった。ロの連中は中支に回されて、ハだけがとり残された。要するに員数外の恰好になった。千島方面にいく予定だったらしいが、船の都合なのかまったく動く気配がなくて、そのままそこに釘付けだった。

日本軍隊は物資が欠乏しているのに、一銭五厘（当時の葉書の値段。葉書一枚で徴兵された）の兵隊であるわれわれにたいして、いかにむだなことをしたかということを痛感した。

静岡から一番最初にもっていかれたのが三重県の富田というところで、朝上村（あさがみ）小学校の校庭で撮った写真が一枚だけ残っている。

そこに一週間いて、次は名古屋に回された。四五（昭20）年五月一三日に名古屋城が空襲で燃えたのでよく覚えているが、名古屋に着いたのが五月一二日。そこでも仕事らしい仕事はなく、三師団の本地ケ原演習場を飛行場にするための土方仕事を六月までやらされた。そこの仕事を終えて六月下旬か七月上旬に磐田にまた帰ってきたが、二～三日たったら列車で、焼野原の東京を通って福島県の郡山の第一三航空教育隊へもっていかれた。

そこに一週間くらいいて、今度は部隊を二つに分けられて、半分は九州のほうへ、ぼくの属した半分はさらに東北を北上するが、ちょうど通過するときに仙台が焼けていた。

岩手県の北上で乗り換えて藤根で降りて、しばらくいったところの陸軍の東北の最大の基地（後藤野飛行場）に着いた。ここには飛行機もちゃんとあった。ちょうどぼくらが着いたときに釜石がやられていて、飛行機が飛んでいくのを送った。特攻隊じゃないと思うが、いったきりほとんどの飛行機は帰ってこなかった。

その基地にしばらくいて、七月の下旬にいま自衛隊の基地になっている王城寺（宮城県）という二師団の演習地へ回された。そこは飛行場だが、飛行機はなかった。そこにある兵舎にいたが、その兵舎もグラマンにやられたので大衡村（おおひらむら）小学校というところに移転した。そこで四五年八月一五日の終戦を迎えることになった。

四五年四月に一銭五厘で兵隊に取られてから、八月の終戦までのたった五ヵ月間で実にあちこち回された。考えてみると戦前に旅行したのは、小学校や夜学のときにいった伊勢、奈良、京都と、兵隊にいく直前に故郷の新潟を通って、金沢に遊びにいったのと、子供のころおふくろが軽井沢の親戚に手伝いにいくのについていったくらいなものなのに、それをたった五ヵ月間にこれだけ移動させるというのは、要するに焦点が決まっていなかったからだ。それで最後は土方みたいなものだから、兵隊の使い方がいかに非近代的であったかということがわかる。

ところでどんな因縁によるのか、奇しくも戦後になってから軍隊で移動させられた土地で、必ずといってもいいほど全金の争議が起こり、今度は兵隊としてではなく、全金のオルグとして再びその土地を訪れることになった。

三重県の富田では富田機器の争議、静岡県の磐田の近くでは河合楽器の争議があった。福島県の郡山では、松田精線に争議がおこり、組合が全金に加入すると同時に委員長のクビ切りがおこなわれて、二ヵ月以上のストライキになった。

それから宮城では仙台川岸、本山製作の争議がある。七九（昭54）年に花巻で金属共闘の会議があって、岩手県労の要請でいったが、そのときに北斗音響というところで全員解雇に反対する闘争が展開されていた（その後、全金に加盟）。その工場のそばにわたしのいた飛行場があった。また花巻には最近クビ切り問題で全金に加入した新興製作所がある。

そのように軍隊にいたころに連れ回されたところで必ず争議がおこなわれていて、不思議な因縁を感じている。

Ⅱ　総同盟書記時代

1　総同盟準備会の仲間たち

労働運動に入るところから話しておきたい。一九四五（昭20）年九月に復員してきてみると世の中が一〇〇％変わっていた。そこへ労働運動ががぜん表へでてきていた。共産党員も獄中からでてくるし、新聞を見ても『読売新聞』なんか共産党の機関紙みたいになっていた。

そういうなかで東洋通信機に戻りたくても、西武池袋線の東久留米の親戚の家から川崎の矢向までは（池袋のぼくの家も、芝の工場も空襲でやられた）交通不便でとてもかよえない。

それで一回、出版社に入ろうとした。面接のとき、「どういうことに関心を持っているか」と聞かれたので、「共産党がこのごろ、府中の刑務所からでてきたことに関心を持っている」と答えたら、一発でだめになった。

紹介者がいてほとんど確実に入れるはずだったのにだめだった。もちろんぼくは共産党員じゃなかったのだが。教育関係の出版社だが、あのときはまだ東洋通信機に籍があったかどうか、解雇されたのがいつかもさだかでなかった。とにかく混乱していたときだった。

そんな雰囲気のなかで労働運動が非常にはでになってくる。そこでほかにゼニのとれるあてもないし、労働運動をやると出世するんじゃないかと思った。昔の軍隊がだめになって、それに打って変わったのが労働運動だ、というくらいに考えたのだ。それなら時の流れを先取りしたほうがいいんじゃないかくらいの気持だった。

たまたま社会党の岸寛司さんという、以前にぼくの姉さんと池袋で町会が一緒の人がいて、その人が、「総同盟の準備会に人が要るんだけれど、だれかくるやつはいないだろうか」と誘うので、「じゃあ、いくだけいってみようじゃないか」といってみた。

松岡駒吉、西尾末広さんのもとで活躍したのち、参議院議員になって亡くなられた原虎一さんが、総同盟の準備会の総主事（事務局長・書記長の役）をしていて（個人的に大変尊敬している）面接をした。仕事の経歴を聞くので、「電気通信機の組立工をやっていた」と話したら、「それは大変、結構なことだ」と、その場で採用になった。

四六（昭21）年八月に産別会議（共産党系）と同時に結成された総同盟（社会党系）は、その結成の時から、旧総同盟系（右派）と旧全評系（左派）の対立が内包されていた。

当初右派が圧倒的優位にあり、総同盟本部は、松岡駒吉と西尾末広の息のかかったやつ以外は、中央本部に入れなかった。中枢部の組織だとか財政などは特にそうだった。

それに、その時は、中途半端なインテリをいれるより、大体総同盟型の人間、ぼくみたいな工員が一番信頼できるだろうということだったらしい。その点、幸運だったといえる。それが、四六年五月に総同盟結成準備会に入るきっかけだった。

その当時準備会にいた上条洋一さん（現在全金の副委員長）は東大の学生で金属の仕事をやっていた。折原進吾さんもいた。ぼくは組織部関係の仕事に配置されたが、ぼくと前後して入ってきたのが、いま同盟の会長をしている宇佐見忠信さんだった。

彼のばあいは書記として準備会と雇用関係をもっていたのでなく、富士紡の社員で全繊同盟にオルグとして派遣されていた。繊維関係は戦前は日本の花形産業で、しかも劣悪な労働条件なので争議が多かった。どうせ戦後も労働運動が組織されるだろうということはわかっていた。放置しておいて自主的に組合をつくられ、「バンバン暴れられては困るので、十大紡を全部まとめて先につくってしまおう」という松岡先生のお声がかりでできたのが全繊同盟だった。彼は総同盟の繊維関係で、われわれと同じ組合業務をやっていた。高千穂高等商業学校にいて、軍隊に入って復員して帰ってきた彼は将校の服を着て、こっちは兵隊の服を着ていた。

それから間もなく、いま全国一般にいる倉持米一さんとか、東大法学部出の内村信三さんが入ってきた。のちに内村さんは総評にいって、中野の区会議員になった。

それから、これも東大出で、いま全化同盟の副会長をやっている中島桂太郎さんが入り、ずっと遅れて合化の書記長をやっている久田穂積君が化学関係にきた。合化にいまいる浜博君、鉄鋼労連の副委員長の千葉利雄君、同じく鉄鋼の中執の横山進君、経済安定本部から清水慎三さん、国際部にはのちの参議院議員、広島市長になった山田節夫（故人）さんと戦後派の連中がどんどん集まってきた。そういう連中が松岡先生や原先生の指導を受けることになった。

ぼくはあんまり頭のいいほうじゃないが、原虎一さんは労働者あがりのわたしを一番信頼して重要な会議にはほとんど出席させた。その時の印象はインテリとは倫理観とか思想観から労働運動に入るものだなということだった。

インテリじゃないのはぼくくらいなもので、倉持君もどっちかというと小説家みたいなタイプの、インテリじゃないにしろ半インテリといったところだった。

総主事が書記長で、副主事に渡辺年之助、高野実、大門義雄さんらがいた。組織が渡辺年之助で、彼はのちに経済安定本部の労働局長に起用された。調査がのちに総評事務局長の高野実（故人）で、全国一般委員長になる大門義雄（故人）が教宣関係だった。

総同盟ではわりとマルクスの本を読まされた。読んでもこっちは一ページくらいでやめちゃうんだが、しかし戦前の労働運動史などはただ教わっただけではなく、けっこうすすんで勉強もした。また労働組合法（四五年一二月）の勉強もたたきこまれた。

あとは労働関係調整法（四六年九月）ができると調整法、労働基準法（四七年四月）ができれば基準法という具合に、新しく施行される基本的な法律をずいぶんと教わった。やはり法律ができるたびごとにそれを勉強したことが、これまでの労働争議に非常に役に立った。

いまの労働運動というのは大学の勉強はやるが、小学校の勉強はやらない。だから労働協約といっても協約の基本的な意味がわかっていない。いまのほとんどの幹部がそうだ。それをいうと怒られるから黙っているんだけれども。

ぼくはそういうのを徹底的に教え込まれた。

2　もう一人の平沢栄一

一九四六（昭21）年六月の第二次読売争議で鈴木東民他五名が解雇されたときに、総同盟の若い連中は裏で応援にかけつけた。

読売争議は産別会議なり共産党の指導を受けているので、総同盟はどちらかといえば批判的な態度をとっていた。

しかし、労働運動をしている以上、労働者の解雇問題について、「やはり総同盟が先頭に立って取り組まなければだめだ」という意識が強くあった。

そこで、当時総同盟関東金属の幹部をしていて、左派系の高野派で、のちに鉄鋼労連にいって中央執行委員もやり、いまは調布の市役所に勤めておられる斉藤徳治さんなんかと、それこそ内証で応援にいった。

総同盟の幹部の松岡さんや原さんは、やはりストライキや闘争については慎重な態度で臨めという方針だった。それにたいして産別会議のほうはその後、中止になるが二・一ストライキ（四七年・昭22）やいろんな闘争に、さまざまな問題点をかかえながらも労働運動の先頭を切って、たたかっている感があった。

ぼくらも何とかそれに負けない労働運動をしたいという気持が強くあった。

読売の応援でおもしろい話がひとつある。たまたま都職労の本部が、読売新聞のすぐ横の都庁の地下室みたいなところにあったが、そこの事務所を借りていろいろ読売の人たちと相談をした。事務所を借りるときに「総同盟組織部　平沢栄一」という名刺をだすと、向こうからもらった名刺も「平沢栄一」だった。

これはいまでも間違えられる。その方は共産党員で、当時都職労に所属していたが、のちに大阪で産別金属の平沢栄一（故人）といえば、かなり有名な人になった。

五六（昭31）年の全金の大会のときにぼくは中国にいっていて、中国から全金の大会に平沢栄一の名前で電報を打った。そのときに産別金属を代表して大会で挨拶したのが、やはり平沢栄一だったという。

3　高野派への変貌

結成されたばかりの総同盟本部の書記局のなかで、高野派は一人もいなかったが、ぼくが高野派に変っていった最初の一人だった。高野派とはっきりと目されるようになったのは、総同盟結成（四六年八月）のしばらくあと、一九四七（昭22）年の四、五月ごろだったと記憶している。

総同盟の本部は各単産の書記局も同居していて、高野派の書記は、化学だとか全金だとか全駐労だとかに多少の勢力があった。総同盟の本部では高野派はわたしくらいだが、同居の関係で高野派の勢力と行動を共にするというかたちになった。

ぼくが高野派にいった理由のひとつは、総同盟に入ってから戦前の労働運動を教わるなかで、闘争する労働運動でなければならないことをたたきこまれたことによる。

高野さんのばあいは、次から次へと新しい方針がでてくる。たとえば、戦後の日本経済の復興は電力問題につきるから、水力発電のことに取り組めだとか、帆足計さん（経済同友会でのちに社会党代議士）と一緒に「経済復興会議」を創設するとか、というようにたたかうべき目標が次々に打ちだされる。若い連中にとってみれば、高野さんのそうしたたたかいの姿勢のなかに戦前の運動家のもっていない新しい魅力を感じた。例の猫なで声でやられるとみんなころっとまいっちゃった。

そこへいくと戦前の連中というのは仲間同士の抗争——旧日労系、労農派系、評議会系だとかいろいろな派が争っていた——が、総同盟、産別会議という二つの組織にまとめられたあとも内部で続いていた。

若い連中にしてみると、個人的には戦前の労働運動家を尊敬していることはたしかだが、高野さんのはでなたたかいにくらべてみると見劣りがする。

特に、産別会議のたたかいとくらべて、われわれ総同盟は、果たして本気でストライキをやってたたかうのだろうかという気がしていたから、なおさらのことだった。

こんなこともあった。東大出の内村君は文部大臣をやった森戸辰男の紹介で総同盟書記局に入ったので、それで彼はてっきり松岡派だと思っていたが、松岡さんが衆議院議長になったときにいっぱい飲んだ席で、飲んだあげくに松岡をこきおろして、「総同盟は高野さんじゃないとだめだ」という。ところが翌日になるとまた、「松岡さん、松岡さん」といっている。そこで「昨日お前何といった」というと、気がついて青くなっちゃって、とうとう高野派に転身したようなこともあった。

そういうように「右だ右だ」といわれているやつも、いっぱい飲むと本音は高野派だというふうで、松岡・西尾派が書記局全体を押さえていたと思ったのが、いつの間にかザルから水が漏れる恰好で、高野派の勢力は総同盟の中枢部にでていった。

そうして高野さんは若い連中を集めるだけでなく、将来は高野派として旧労農派みたいな勢力の結集をはかっていきたいという気持があったんだろうと思う。

それともうひとつは戦略問題。共産党の戦略について、ぼくがいちばん考え、妥協できなかったのは、彼らは暴力を表にだして、それを肯定していることだった。たしかに当時の日本共産党の活動というのは興味もあり、非常に敬服すべきところもあったが、連中の最後のところは暴力を肯定するような革命だった。

戦争であれだけの犠牲者をだしたのに、暴力による革命で再び犠牲者をだして世の中を変えるなんて絶対にだめだと思っていたから、共産党にはとてもついていけなかった。向こうからも呼びかけがなかったのは、その戦略問題で基本的な違いがあったからだと思う。

そこへいくと高野さんなり旧左派社会党の連中がいっているのは、革命を目標とするけれども大衆の力で、暴力を否定する方向でやっていこうということで、そこがすごい魅力になっていた。

そうしてはっきりと高野派になったからには、やっぱり巨大な総同盟にしたいし、労働者の利益になるような労働組合にしたいという気持ちがだんだん強くなってきた。そのころから少しずつ本格的な労働運動家になりたいという欲がでてきたのだった。

しかし、高野派に変わったということは、原虎一先生にとっては飼い犬に手をかまれた形になり、わたしの仕事は荷造り専門の下積の仕事に配転された。高野派が主導権を握るまでその仕事は続いた。

4　松岡派対高野派の派閥抗争

一九四八（昭23）年の中ごろだが、倉持米一さん（現全国一般委員長）が、一時労働運動から身を引いたことがあった。彼は、「右だ左だと論争のみにあけくれ、ときには派閥抗争のなかに、ややもすると自分を見失いがちな『総同盟本部』のオルグ生活に意義を感ずることができなかったし、嫌気がさしていた」（『中小企業労働運動史三十五年』）と当時を回想している。

おそらく右派の内部の人間関係の対立でやめたと思うが、ぼくらはその機会をとらえてわが高野派に入れるべきだと考えた。

総同盟の中央書記局は右派の人間の人脈によって押さえられていたが、当時の労働運動は職場の幹部より専従者の影響力が強かったから、なんとかして倉持さんをわがほうに引きずり込むべきだということになったわけだ。その目的を実現するために三河島にあった倉持さんの家に総同盟復帰をするようにとかなり通ったことがある。

ただその倉持さんの回想がのっている本を見ると、松原昭というのちに早稲田大学の教授になる人と一緒にいったと書いてあるが、ぼくはその松原という名前には記憶はあるが、顔は思いだせない。むしろ全木産（総同盟全国木材産業労働組合同盟）の甲田勉君などと一緒に説得活動をして、倉持さんはまず全木産に復帰した。

そういうことがあった四八年ごろ、松岡派と高野派の対立がますます激しくなっていった。この二派は、一方は政府・資本家と協調しながら運動をすすめようという態度、一方は下から運動をすすめようという傾向が強かったので、その肌合がそもそも違った。そして、明治大学講堂でおこなわれた四八年一〇月大会の総主事選挙で、高野さんが原虎一さんを破って待望の総主事に選出された。

ところが、高野派の中央執行委員は数が少なかったので、中央執行委員会では負ける。そこで、北川義行さん（元全金書記長・故人）を組織部長に配置して、人を集めた。京都の日本電池から岸田迎之助さん（初代委員長）、関東金属から松尾喬さん（元全金委員長）、愛知の中部金属から飯島幹雄さん（元愛知労評議長）が引っこ抜かれた。それにわたしと内村君の二人をあわせ、六人を中心として高野派は結集した。

そして四九（昭24）年一一月の、現在全金精工舎支部（墨田区大平町）の一〇〇〇人が入るくらいの講堂でやった大会で、左派ががぜん活発な行動にでて完全に高野派が主導権を握ることができた。

そのように総同盟の組織部員のころは、どちらかというと派閥抗争にあけくれる労働運動に邁進していた。そうなると、政治が変われば世の中は良くなるだろうくらいな、どうしても上で物事を判断するようになってきた。いわゆる社会党が天下をとれば労働運動も前進して労働者の生活もよくなる、そんなことをしょっちゅういっていた。余り大きな声ではいえないが、いまの総評事務局長をやっているある人のように、連合政権ができれば世の中すべてバラ色になるといったような頭だった。

わたしは四七年に社会党に入党した。社会主義理論はあまり勉強しなかったが、要するに資本主義ではない新しい社会をつくるためには、政治性が優先する運動が中心だと考えていた。四七年五月に片山哲内閣ができたとき、本当に世の中は変わると思って、一生懸命社会党の機関紙を売って歩いた思い出がある。何か大きく労働者中心の世の中に変わるという幻想があった。

しかし、その後労働運動の現場に実際入ってみて、職場の労働者五〇〇〇名のうち四〇〇〇名があっという間にクビを切られて、失業者になってしまう事態に直面したりすると職場での抵抗力をどう組織化していかなければならないか、ということが中心の発想にだんだん変わってきた。そういう経験からいうと、労働運動の現場で、一つ一つ貴重な体験を積み上げられる争議の鉄火場のなかから育ってきた人こそが、労働運動全体の指導をやった方がいいと思う。

しかしそういう風に一つ一つの争議指導をやるような人間は当面の問題だけに精いっぱい全力投球するから、軍隊でいえば参謀本部長のように全体を把握することができなくなる。そうなるとある地方全体とか日本全体とかの労働運動を指導する能力に欠けてしまうということになってしまう。やはりせいぜいいっても局地戦の連隊長か、中隊長、小隊長そして分隊長ということになる。

そこで労働運動全体の指導は上の方で政治的に動いていた幹部がやることになる。大企業出身でないと、なかなか指導者になれないという日本の労働運動の現実が形づくられることになる。一つ一つのストライキを現場で指導するということができない人が、労働運動全体の指導者になる。その人たちは現場が大事だとか、職場が大事だとか、口ではいうのだが、頭でわかっているだけで身体で憶えているわけではないから、どうしても上の方で政治的に動けばすべてうまくいくと考えてしまう。そういう頭で考えた戦略、戦術が日本の戦後労働運動のなかで繰り返しおこなわれてきたからダメなのだ。

これでは、現場に没頭して地道に労働運動をやっている人たちが、浮かばれないのは当然の話である。ぼくはつい最近までまさにあっちへいったり、こっちへいったりして、現場から現場へと全国各地を飛び回ってきた「争議屋」だった。一つ一つの現場こそが、ぼくにとって唯一の職場であり生きがいであった。

こういうことをやっている人間が、全金の書記長という曲がりなりにも労働運動全体の指導の一角を占める地位になるとは考えてもみなかった。だから常々若い人たちに、「あんまりおれみたいなことをやると、労働運動の主流にはなれないよ」ということをいっていた。それが間違って（石油ショックなどがあったことも原因となって）全金の書記長になってしまった。こういうのは運がいいというのか悪いというのか。いずれにしろ珍しい例であることは間違いない。

その結果いままでは現場にはとんとごぶさたして、労戦統一だとか春闘方針だとか余り自分の体質に合っているとも思えないことを一生懸命やっているわけだ。

いろんな批判を受けることは覚悟しているが、ただぼくが自負していることは、「僕は現場の争議の中から育ってきた人間であり、現場の心は忘れようにも忘れることができないほど身体にしみこんでいる」ということである。

5　板前とすし屋の労組結成

総同盟の本部にいたときも、ストライキの経験がまったくないわけではなかった。本部にいると、いろいろ相談がもち込まれた。

神保町の冨山房（ふざんぼう）のストライキを指導したこともあるし、資本家の団体の清和会（せいわかい）のストライキを指導したこともある。

それから西武鉄道との闘争で労働組合法第一一条違反で、労働委員会に不当労働行為の申立てをして、一定の成果を挙げた経験をもっている。全国金属のいまいるオルグの中で、ぼくが一番最初に不当労働行為事件をみずから手がけたはずだ。それからたしか総評弁護団の会長をやっている佐伯先生と藤井先生をこちらの弁護士として、理研発条の就業規則の仮処分も手がけた。

そうしたストライキの指導も若干はやったが、板前とスシ屋の組織をつくったことがあった。片山内閣は、料理屋を閉鎖したが、その前に職安法ができた。まず料理屋が困ったが、それと同時にこれからさき料理屋が再開しても、板前の当時の制度が職安法に全部抵触することになった。

そのときに早稲田大学の北沢新次郎教授（故人）の紹介で、全国の板前の集まりの代表が相談にきた。当時、板前は親分子分の制度で各料理屋に供給されていた。だから料理屋に、「いうことを聞かなければ板前を引き揚げる」ということもいえる、考えようによってはかなり強力なクラフトユニオンの組織であった。

しかし職安法では労務供給について、今後は労働大臣の許可が必要であるということ、もう一つは労働組合による供給しか認められないということだった。今までの親分子分の制度ではだめだという占領軍の命令というか、職安法の施行によって、彼らの活動ができなくなり、それで相談にきた。

片山内閣のできた直後だから一九四七（昭22）年の中頃だった。当時はなんでもかんでも民主主義だから、「君らの組織がそういうやくざみたいな組織じゃ困るんだから、選挙によってボスを選ぶべきだ。まずそれをやらなければ労働大臣の許可を得られないから、供給事業ができないんだ」という説明をして、規約をつくり日本調理士労働連盟という労働組合を結成させた。

会議は柳橋という料亭、総会は上野の聚楽で開く。あのころはろくに食えないもんだから、ぼくなんかよろこんでいっていつも上座にでんと座った。また、板前の親分のヒロメ式など料亭でおこなわれるとき、当時は二二～三歳だったが、上座に座って御馳走になった記憶がある。

すし屋は築地に本部がある「三長会」（ボスは福島さんという人で、NHKテレビなどにもでていた。故人）というのがあったが、職安法の適用を受けるのでやはり困っていた。そこで、さっきの板前の組合は「連盟」だから、すし屋の組合として日本調理師労働組合をつくった。そうすると総同盟の事務室にいるぼくたち書記のところに、ときどきすしを届けてくれた。

料理人は非常に義理固くて、それから毎年二月にわたしのところへ招待状がきていた。東久留米（西武線）から板橋に引っ越すまできていたが、そのうちこっちから引っ越先を連絡をしなかったため、自然に縁がきれてしまった。

それからもうひとつ面白かったのは、GHQの命令でサンタルチヤとかシロキだとかいうダンスホールができたが、そこで、ダンサーがクビをきられた。

呼び出されてGHQにいくと、ブラッティーというのが、「これは明らかに不当労働行為だから総同盟で何とかしろ」という。しかし、どう考えてみても個人営業なのかどうかもよくわからない。

それでGHQへいって、「不当労働行為なんていったって、決まるまでにえらい時間がかかる」といったら、ブラッティーがちょこちょこっと人を呼ぶと、たくさん書類を持ったアメリカ人がきて、「いや、そういうことはない。日本の法律ではこうなっているんだ」という。それで、「法律なんて、そんなにうまくいくもんではない」という話をした。

結局、これは女の子の問題だから婦人部にお願いして、わたしは手を引いた記憶がある。

6　実務屋・平沢

わたしが組織部でやっていた仕事は、総同盟傘下の単産、単組がどういう動向だというのを全部カードを作っておくとか、加盟したら加盟承認書を送るとか、そういう整理をやっていた。戦前の人たちは、事務の仕事はしないから結果として一切の資料を握っていた。いわば実務屋だった。

当時の総同盟には産業別組合と地方連合会とがあって、代議員選出問題などはいろいろ複雑な形になっていた。

繊維はでかい組織だった。その繊維は繊維で代議員をだすわけだから、地方連合会の代議員をだすばあいは、それを除いてださなければならない。

繊維などは地方連合会の多数派を握っているところでは、右派を選出する時があるので、地方でオルグし、産業別納入の組織を除外して代議員を選出することによって高野派を増やすことができた。

そういう意味も兼ねて組織部でのわたしの役割は大きいものがあった。

大きな地方金属組織ができているところ、たとえば関東金属労働組合、大阪金属労働組合、京都金属労働組合などは全国金属を通じて総同盟に会費を納入しており、全金にも代議員の割当があった。しかし地方金属組織がないような地域での金属組織があるわけで、そういうところは県連を通じて総同盟の会費を納めていた。そういういろんな複雑な組織関係があった。

そこをこっちが資料できちっと整理をしていた。九州では全部代議員を右派が握ろうとしていた。「そんなことをいったってお前のところは、こことここで代議員がでているから、この代議員はこっちのほうからだすべきじゃないか」というわけで、正確な代議員選出をやらせたりしなければならなかった。

会長も総主事（書記長）も向こうが占めているところがあるから、こっちがみんな敲きだされたら大変だということで、高野さんとか戦前の連中はそういうことがわからないものだから、ぼくがその工作をした。

四九（昭24）年の七月から八月にかけて、高野実総主事の命を受けたわたしは、山口県の宇部窒素の委員長をやっていた太田薫さんのところにいった。そこで、「合化労連を組織するんだから」といって金を都合してもらって、東洋高圧（彦島）をオルグした（当時高野派は総同盟を解体して、巨大な労働統一をはかろうとしていた。総同盟の化学と中立の化学で合化労連、総同盟の扶桑（住友）、神戸製鋼、日本鋼管と中立の富士と八幡で鉄鋼労連をつくろうとしていた）。そこから船で門司に渡った。すると総同盟の連中が待っていた。

いまでも神戸製鋼にいる井沢君、当時やはり神戸製鋼でいま社会党の市会議員（北九州市）をやっている那覇（なは）君といった連中がいて、「お前は右か左か、どっちのオルグだ」とまず問い詰められた。電話一本とってみてもいまみたいに情報手段が発達していない時なので、向うはこちらの正体がわからなかったらしいが、問い詰めながら多分こいつは若いから左派だとわかったと思う。「おれは左だ」とはっきりいってやると、「よし、わかった」ということになった。

その連中と連絡をとりながら、佐賀とか鹿児島にいったり、全織同盟（鐘紡、東洋紡が左派）、全専売にもオルグにいった。そして、「高野派の代議員をだせ」ということをしきりにいった。

オルグで説いたことは、「これからは資本の攻勢がいよいよ盛んになるので、おそらく共産党は潰されるだろう。しかしそのあとに、右翼的な労働運動が展開されたらえらいことになる。戦争も再びはじまるかも知れない。日本の平和と民主主義を守らなければならない」ということだった。

しかし、そうはいってもそれは建前の話で、多少脈があるとみれば理屈じゃなしに、「とにかく古くさい戦前組とそれに協力するような総同盟の連中に味方をしてはだめだ。わがほうの高野さんは、戦前から自由と平和を主張して牢獄に入った（人民戦線事件で三七～四〇〔昭12～15〕年）こともある。そういう幹部を総同盟粛清のためにだすんだ。そして新しい労働戦線統一のため総同盟を解体するんだ」ということだった。

八幡製鉄所労組は中立組合であったが将来の鉄鋼組織統一のため、主導権をとらなければならなかった。委員長がのちに社会党の代議士になる緒方さんという人で、彼は社共統一戦線でやっていたが、高野さんの見通しではいずれ資本家にやられるだろうということだった。

そして、次に副委員長の古俵さんがでてくるとしたら、それはまったく民同右派ということになった（彼は人のいいおやじさんというタイプで、総同盟の体質であるわたしとは気があって親しかった）。高野さんは、もしそうなると本当の巨大な戦線統一の足がかりが崩れるという判断をしていた。わたしは金曜会（民同左派）を狙って蔀茺（ひとみみつる）さんという人と連絡をつけた。そして彼が八幡の書記長になって組織をがっちりとおさめ、鉄鋼労連結成を成功させた。

この総同盟の組織部員のころをふりかえってみると、左右の主導権争い、いわゆる派閥抗争とか、総同盟の路線を変更させて巨大な労働戦線の統一を進めるための組織工作とか、あるいは共産党との対決を強化するたたかいとかに眼がいっていた。肝心な労働者とその家族の生活を守る職場での闘争をどう組織化していくかということについての活動が、若干はあったものの、実に乏しい経験でしかなかったということがいえるんじゃないかと思う。

このころになると一生を労働運動に捧げる気持になっていた。しかしこの総同盟時代にはつねに労働運動がもし駄目になったらということを考えていた。その証拠に四七（昭22）年に、法政大学の高等師範部（夜間）に入学した。当時は学校の先生になれる条件がかなりあった。労働運動にいやけがさしたら転身しようという気持があった。幸い当時の学校はあまり出席しなくともよかった。

五〇（昭25）年二月（野上総長が死んだので普通は三月卒業が二月になった）に卒業して高校・中学の免許証と小学校の仮免をとった。しかし、その時はのちに述べるように関東金属のオルグになって、本格的な労働運動をする決意をしていた。

Ⅲ　ドッジ・ラインによる合理化攻撃

1　関東金属労組常任書記へ

総同盟を解体して総評結成（五〇〔昭和25〕年七月）へという方向が、産別会議の凋落、民同の台頭を背景としてほぼ明らかになった一九四九（昭24）年の秋頃に、高野さんから、「本当に労働運動をしたいなら、お前は政治的なことばかりやるよりは、若いんだから一から出直したほうがいいんじゃないか」といわれた。わたしは大正一四年生まれで昭和の年号と同じ年だから、まだ二四、五歳だった。

それで、アメリカ兵からピストルを突きつけられながら生産管理闘争をやって有名になった正田製作所争議の指導者の斉藤徳司さん――いまは鉄鋼労連から調布市役所に移られたはず――が、四九年の一一月の大会から総同盟にきて、わたしは全国金属のいまの東京地方本部（当時関東金属労組）の書記にオルグとして派遣された。そこからわたしの本格的な争議の体験がはじまった。

四八（昭23）年八月の朝鮮民主主義人民共和国、四九年一〇月の中華人民共和国の成立を背景に占領軍の政策が、根本的に変わってきた。朝鮮戦争がいよいよ近づいてくるということで、公務員のスト権剝奪だとか、不当労働行為に刑罰を課すことをやめたり、戦後獲得した労働協約を破棄できるようにした労働組合法の改正だとか、一連の労働組合にたいする弾圧工作が押し進められた。五〇（昭25）年六月には重要産業部門、官公庁のレッド・パージ（共産党員とその同調者の職場追放）までおこなわれた。

そのとき、同時におこなわれたことであまり問題にされていない点として、賃金政策がある。このときのドッジ予算（四九年三月）なりシャープ税制勧告（四九年九月）の中で、占領軍は、民間労働者の賃金は企業の許される範囲内の賃金にとどめるべきだとするいわゆる「支払い能力論」、それから公務員の賃金については「予算の範囲内」ということを明確に打ちだした。

当時の賃金闘争は、企業の支払い能力を考えるヒマなどなかった。公務員も、予算とかいわれたって納得しない。とにかく食える賃金をよこせという闘争だった。そうなると政府は結局インフレ政策でお札をじゃんじゃん刷って、補給金制度でどうにか労働者の要求にこたえてやっていた。

ところが朝鮮戦争がはじまるばあいにアメリカにしてみれば、日本の工業力を一〇〇％利用するためには、一年で二倍、三倍ものインフレが起こってはたまったもんじゃない。たとえば、鉄砲の弾一つを一〇円で約束して発注したものが、そのうち二〇円になったら経済的にどうにもならない。そこで占領軍はドッジ予算（デフレ政策）をだして、賃金政策を明確に打ちだした。

そのときにわたしは運がいいのか悪いのか、現場のオルグに配置をされた。担当したところは東京の板橋区、北区、練馬区、豊島区、文京区、台東区——そのころは台東区にも工場が一つか二つあった——のいわゆる北部地協だった。

子供のころ豊島区の池袋に住んでいたので、よく知っていたが、もともと東京の工場地帯というのは労働運動の発祥地が、芝であったことからわかるように南部とそれに東部だった。いまは大田区になっているが大森とか蒲田が中心であった。戦争中働いていた東洋通信機の芝工場の隣は池貝鉄工、前が日本電気、周辺には茅場製作、東京機械の工場があった。

それと戦前に有名な東洋モスリンの争議があった亀戸、墨田区の東部が工場地帯といわれていた。北部は第二次世界大戦の前の支那事変がはじまる三七（昭12）年ころから、ぼつぼつ工場ができはじめたが、大戦中に急激にその数が増えた。

ドッジ予算がでたということになると、やはり戦争のために新しくつくられた工場だから、どうしても企業基盤が弱いため労働者に合理化攻撃をかけることになる。そこで北部担当になってから初めて、大合理化反対闘争を担当せざるを得なくなった。

四九年の一〇月ごろから北部の常任になったが、いま東京地本の委員長をやっている森野(もりの)徳雄さんが前任者で、その前は古賀専(こがせん)（前JC会長）さんという有名な人で、組織はだいたい五〇〇〇名くらいだった。

古賀専さんがやっていただけに、ぼくが練馬にある田村製作所にいくと、まず会社の重役が、

「総同盟さん、ご苦労さんです」とあいさつにでてきた。「今度配置転換になって、わたしが担当になりました」というと「あっ、そうですか」と応接間でちゃんと応対した。ひととおりの挨拶が終わると、会社側がわざわざ組合の委員長を呼びにいった。

田村製作所にかぎらず、そういうぐあいに、労使極めて協調的な五〇〇〇名の組織だった。ところがドッジ予算で緊縮財政になって企業への補給金も打ち切られた。そうなると労使協調もへちまもない。

朝鮮戦争が翌年の五〇年六月二五日に勃発したが、その朝鮮戦争がはじまるまでの半年間に、大合理化攻撃を受けて、組合員が五〇〇〇人から一〇〇〇人に減った。あまりにも減ったんで全部覚えていないが、記憶があるのをいうと、板橋区の前野町にあった全国金属所属で潰れた会社が、八〇〇人の日本重工、三〜四〇〇人のパイロット精機、四〜五〇〇人のシグマ工業、同じく四〜五〇〇人の京北電気、二〇〇名くらいの荻田伸鉄と常盤産業、一つの町会だけでこれだけあった。

それ以外にも記憶があるのが文京区では東洋時計、練馬区（いまの練馬区と違って中村橋の先は全部畠だった）ではたくあん工場を改造した朝日奈（あさひな）ミシン（石神井）という会社が倒産して全員解雇、工場閉鎖をした。それから北区の帝国ノコギリも倒産した。

それこそあっという間に五〇〇〇名が一〇〇〇名になるという大合理化攻撃を受けた。総同盟にいたころは、労働運動の方針だとか人のつながりだとか、左がどうだ右がどうだとか、路線がどうだとかということをやっていた。それも労働運動に大事だけれども、やはりこういう合理化反対闘争をどうたたかうかということこそが、労働組合にとってきわめて真剣に考えなければならないことだということを知らされた。それなりに努力したけれども、残念ながら各所におけるこれらの合理化は全部のまされた。

そのなかで小石川の東洋時計のばあいは、支部が工場を会社からふんだくって、自主生産をやって再建をたたかい取ったまれな例だった。ところが、やっているうちにはじめから工場を管理している組合員たちがみんな経営幹部になっていった。そして、工場の所有権利をもたない新しい労働者がふえていくと、結果的には会社は再建したけれども全国金属の組織からは抜けていってしまった。

いまも各所でやっている自主管理を大変興味深くみているが、東洋時計の労働組合は自主管理をものみごとに成功させたが、成功させたら全金を抜けていったわけだ。

2　パイロット精機争議の無から有をだす戦術

そうした闘争のなかで、これらの話の中心になる倒産闘争について、大変勉強になった争議があった。ここでの勉強の成果がのちに全国金属の〝倒産野郎〟といわれるわたしの戦術の基本として実を結ぶことになるが、闘争自体はわたしの指導で大失敗をした争議だった。

四〇〇人近いパイロット精機というところで、全員解雇、工場閉鎖をやられた。わたしはそれなりに勉強して会社にある財産を全部ふんだくった。製品であるボールペンから机から、とにかく売れる物は全部組合に譲渡させ、その手続が終わったとたんにたたき売った。残った機械もみんなもらって金に替えた。それで残ったのが建物と賠償機械（軍需生産をやっていた工場の主要機械をアメリカ軍が管理していた）だけになった。

ほかに取る物がなくなったので、組合員の大会を開いて、「建物は全部抵当権に入っているし、これ以上たたかってもむだだから、ここらでやめてまた新しい工場に入って、労働歌が歌えるような労働組合をみんなでまたつくっていこうじゃないか」という提案をした。

そのころはオルグはなかなか権限があってよかった。大会への提案、説明はオルグがやっていた。そうしたら一〇人くらいの連中が「断固反対」という。共産主義青年同盟の一派の連中が「反対だ」ということを表明した。それでぼくは、「反対ならば反対で、具体的な反論をしたらどうか」といったんだけれども、具体的な反論はない。レーニンがこういったとか、マルクスがこういったとかと盛んにいうだけだった。これでは組合員を説得するすべがない。

ぼくのほうが理論的に正しいことは誰の目にも明らかだった。会社のものを全部もらって取るものは取った。建物は抵当権に入っているから、これは日本の法律ではどうにもならない。賠償機械を売り払うようなことをすれば、アメリカ軍に捕まって沖縄で強制労働をさせられる。これ以上何を取ることができるのか、取るものがないんじゃないか、というのがわたしの考えだった。

わたしのほうは理路整然たるもので、片一方のほうは単なる「反対、反対」。だから、この十何人を除いて、万場一致とはいかなかったが絶対多数で、わたしの意見が通って工場閉鎖を認めた。認めると同時に焼酎とリンゴを買ってきて、そこで金を分けて解散式をして終わりにするということになった。

そのいっぱい飲んだ席上で、反対した連中に、「お前らはわあわあ騒いだんだけれど、たたかういい方法があるのか」といったら、「やってもいいですか」というから、「それなら、なんでもできることをやってみろ」といった。

いまは工場閉鎖を認めると組合事務所の立退き協定だとか、細かいことまでいろんな協定をするが、そのころは両方ともそんなことは考えてもいない。それで「がんばっていいですか」といった連中は、組合事務所を占拠してそこでねばった。

ある程度ボールペンの材料を渡したので連中も分け前をもらっていたから、それをつくって売り歩いた。どうせ書いてもインクが漏れるようなものでも、労働者というものは義理がたいところがあるから、倒産した労働者へのカンパのつもりで買ってくれた。そこで連中はがんばった。

ぼくらもちょいちょい顔をだして、「お前らはこんなことをやっていて何かいいことがあるのか」というと、以前いったことと答えは同じで、「労働者はたたかわなければだめだから、断固たたかっているんだ」とだけいっていた。

そうしたら工場閉鎖をして建物を処分しようと思っている抵当権者は困っちゃった。一〇人ぐらいの連中が残ってがんばっているものだから、どうにもならない。そこで半年か一年後に、別にその連中にだけ大量の金をだして立ち退きをさせた。

そのことは他の組合員には話さなかったが、こっちが恥をかく格好になった。しかし、そこでなるほどと考えたのは、無から有をだす戦術のあることだった。

北部地協でのたたかいを通してこれまでの総同盟の組織部員としての頭だけの労働運動から、いよいよ実地の労働運動に入っていった。そこで大小さまざまな失敗をしながら、その失敗のなかから労働者の権利のたたかいの極意を覚えていくことができたと思う。

3　シチズン時計争議と〝関東の虎〟の権威

関東金属労組は、ドッジ予算による合理化攻撃で四万人いた組合員が、三万人弱――南部、西部でそれぞれ一万、東部が八〇〇〇、北部が一〇〇〇――に減った。減ることはすぐさまオルグの人件費の問題に結びつく。まして北部は五〇〇〇人いたのが一〇〇〇人になった。

そこでいま東京地本の委員長をやっている森野徳雄さんが出向元の品川製作所に戻っていった。残ったわたしも、一〇〇〇人の地協に一人の常任などもったいないということになり、東部に回されることになった。要するにオルグを減らすことで、労働組合も合理化をやった。

ところが関東金属の東部地協というのは、鉄鋼第二次関係のボスがたくさんいて、関東金属で一番の新人であるわたしの総同盟での経歴などあまりみてくれない。

東製鋼出身で東部地協の議長の倉宗一さんは、「お前みたいなチンピラが東部を担当するのはだめだ」というので、一日でクビになった。執行委員会で東部地協にいくことが決まったのだがどうも、「北部でぼろ負けしてきたようなオルグが、東部へきてまたぼろ負けしたら困る」ということだったらしい。

東部や南部の企業基盤は強くて、北部の基盤は弱いわけだが、その違いをみてくれない。それで、また北部地協とともに西部地協を担当することになったのは、たしか朝鮮戦争（五〇年六月）がはじまる直前だった。まだ二五歳で、東部でクビになって西部に回されたことでカッカしていた。

まず最初に訪問したのが、シチズン時計田無支部だった。今でこそ上場企業で、一昨年ヨーロッパへいった時にも、シチズンのネオンがパリのどまん中にあった。飛行機のなかの広告にもシチズンとセイコーは必ずでていた。そのシチズンが当時（現全金の委員長の高山勘治さんが、シチズン連合の闘争委員長、またこの間まで常務をやっていた石井正一君が田無の委員長をやっていた）は、賃金遅配はするし、どうにもならない状況に追い込まれていた。

それにわたしは、東洋時計の団体交渉が終ったあとで、「シチズンは潰れるだろう」という情報を東洋時計の経営者から得ていたので、田無工場にいってまず、「今度西部の常任になった平沢というんだが、よろしく頼む」と挨拶をしたあとに、「お前らの会社はそろそろ潰れるんだから、早いとこ退職金を取るような準備をしろ」という趣旨のビラを撒いた。石井委員長などはおどろいて、大変なオルグが派遣されてきたと思ったらしい。

闘争委員会でも、「われわれはここでたたかわなければだめなんだ。会社は潰れても労働者は存在するんだ」というような演説を同じ西部の常任だった中丈之助君（現東京地本書記長）と一緒になって、いいたい放題のことをいった。しかし、職場の役員にしてみれば何とかして会社を潰したくない、たたかっても会社を潰したら元も子もないという気持が強かった。そうかといってこっちの正論（？）である「たたかわなければ労働組合はだめだ」という説を曲げるわけにはいかない。

現にそのころのシチズンはアルコールを正規の商社から買うことができずに近所の薬局からつけ（借金）で買ってきている状況が続いていた。「これでは完全に潰れるだろうから、潰れるなら早いとこいい物件を押さえて、退職金をうんと取ったほうがいいじゃないか」という、強硬なことを二人で再三にわたって主張した。

そのときに横河電機の委員長の真島（まじま）光男さん（故人）に、二人は大変自己反省をさせられた。ということは、われわれは職場の籍を抜いて労働運動をやっているプロだから、いわゆる職場の幹部とはちょっと違うんだ、という構えがあった。「お前らみたいに会社にべったりついているのとは違うんだ。べったりするとは何事だ。会社が潰れたって労働者というものは、ちゃんと存在するじゃないか」といった生意気な態度というか、要するにだいぶ態度が大きかった。また、その態度が、ある程度通用していた時代でもあった。

ところが真島さんはひとこと、「実はわたしは、戦前大阪の日本鋳鋼で争議をやった」といった。これはいくら威勢のいいオルグだって位負けする。あの戦前の弾圧のなかでの争議の話をされたら、戦後派はどうにもならなかった。

真島委員長に、「平沢君も中君も、君らのそういう指導のやり方は間違っている。わたしは戦前の日本鋳鋼の争議——中橋（なかはし）喜三郎（元大阪地本委員長・故人）が『大阪労働運動史』に書いている有名な争議——がおこなわれたとき、レポートを配るなど様々な活動をした。しかし、争議において肝心なことは、そこの労働者が本当に腹を決めているかどうかだ。腹を決めてやらなきゃ争議というものは成り立たないんだ。腹を決めても勝てなかった。ましてやいまのばあい、シチズンの労働者が一体どうするのかということを考えないで、常任として頭から〃たたかわないのはダラ幹だ〃〃会社が潰れても労働者はあるんだ〃そんな理論をいうべきじゃない」とたしなめられた。

普通だったらいろいろと反駁できる。だけど戦前の実際にたたかった話を例にだされたら、こっちは頭を下げざるを得なかった。

結局、会社との団交がおこなわれて、多少の希望退職がでたあと、当時、月産二万個の生産体制を整えた。幸いというかなんというか東洋時計は潰れて、残った大手時計会社は精工舎とシチズンだけだった。

ここでシチズンが潰れれば精工舎独占となるというので問屋筋をはじめ、かなりシチズンに協力をするところもでてきた。そこへ朝鮮戦争がはじまると、景気が一気に回復してシチズンが今日のシチズンになる土台ができた。

戦前に争議をやっていた人は、ある種の権威をもっていた。わたしが、総同盟に入りたてのころ、北川さんは戦前は〝関東の虎〟といわれ、ドスを持って歩いていたという。あまりそういうことばかりいって脅かすので、「何いっているんだ、こっちだって命をかけた戦争から帰ってきたんだ」ということで待ち伏せしてぶんなぐる計画をしたが、友人たちの反対でとりやめになったこともあった。

その後に倒産闘争をやりはじめると、北川さんが総評にいて、「お前らは何だ、裁判所や弁護士を使って争議をやるなんて。弁護士というのは捕まったときだけ世話になるだけであって、差押えだなんてそんなべらぼうな闘争戦術がどこにあるか」とよくやられた。一九六五（昭40）年ごろまでは倒産問題が起きるたびに、彼にいわれっぱなしだった。

その後は、「何をいっているんだ、それじゃお前やってみろ」といえるような時代になってきたが、それより一五年も前の五〇（昭25）年ごろは戦前の話がでてくるともうこっちはシャッポを脱ぐという情勢だった。

何といっても、戦前ブタ箱に入ってたたかった人には、「お前らみたいに憲法に守られて、何をやっても許される自由な時代とは違うんだ。警察がまるで、労働者の味方になっているような、こんな時代のなかでお前らの闘争は何だ」という自負があった。

しかし考えてみれば、この関係はいまも同じであって、いまわたしがあとでてくる成光電機の争議の経験を、組合員や反戦や活動家の連中にすると、まるで講談のような話になる。それでいまは、同じような権威を保っているのが、ぼくらかもしれない。「お前らの争議は何だ。昔はこうだった」といって。

しかし、実際はいまの争議はむずかしい。われわれの直面したことのない新しい問題が必ずでてくる。だけど「お前らは何だ、何をやっているんだ」と、はっきりいえるところが面白い。ちょうど戦後すぐのころがやっぱりそうで、いくらこっちが一生懸命やっていても、戦前の労働運動をやった人は、「お前たちのやっていることはヒヨコみたいな闘争だ」といっていた。

このことは、同じことの繰り返しのようでありながら、しかし、こうしたなかで労働運動の大事な精神が、前の世代から次の世代へと引き継がれていくんだと思う。

Ⅳ　日鋼（日本製鋼所）赤羽作業所の争議

1　朝鮮戦争と日本経済の二重構造化

ドッジ予算の問題が賃金問題に関連をもつことの指摘が明確にされなかったと同じように、朝鮮戦争中の労務政策、経済政策が、日本経済の二重構造をつくり上げる原因となり、それが後になって「使用者概念」問題を起こす背景になったということは、あまりはっきりといわれていない。

三年間にわたる朝鮮戦争（五〇〔昭25〕年六月～五三〔昭28〕年七月）は局地戦であった。第二次世界大戦終結後、わずか五年目にはじまった戦争だけに、米ソの対立が厳しいなかでその戦禍を拡大してはならないという空気が全世界に広がっていた。アメリカにしても、「局地戦争で始まり局地戦争に終る」ことを予定していたのではないだろうか。

そうすると戦争に必要な戦車や大砲という武器の製造とか修理とかをアメリカ本国でやると都合の悪いことがおきる。立地条件の悪さはともかくとして、もし戦争が終わったばあい失業の問題が起こる。そこでアメリカは、朝鮮戦争をやるためには、アメリカ本国の生産力をふるに稼動させるよりも、朝鮮にもっとも近い日本の工業力を一〇〇％利用することが得策だと考えた。

一九四八（昭23）年の後半からのGHQの日本占領政策の変更、特に労働組合にたいする反動政策や、四九（昭24）年のドッジ予算の押しつけなどは日本の政治・経済を朝鮮戦争の前衛基地とするための地ならしであった。

朝鮮戦争がはじまると、大砲・鉄砲の弾、ナパーム爆弾をつくるといった危い仕事に加えて、戦闘で敵軍にやられた戦車、上陸用舟艇の修理などと一緒にもち込まれた。

亡くなった木村禧八郎先生から聞いた話では、アメリカ軍との最初の契約は日立製作所の足立工場とおこなわれたらしいが、次々に日本の独占資本がその特需生産を引き受けていった。もちろんアメリカ軍は、日本の中小企業に直接流すのではなく、日立製作所、日本製鋼所などのいわゆる大手に仕事を渡していった。

ところが、日本の独占資本はGHQの指示で、ドッジ予算による大量のクビ切りをやったばかりの時だった。朝鮮戦争による特需の仕事をやるとしたら、大幅に人員を増やさなくてはならない。増やした分は、戦争が終わればクビ切りの必要がでてくる。

ところがGHQ、政府の力をたのんで企業内の共産党員の整理、産別会議の切り崩しをいかにやったところで、労働運動はまだ厳然としてあるわけだから、そう簡単にクビ切りができるとは思っていなかった。

そのころ東芝の堀川町の工場に民同の立場でいったことがあるが、そこでは、「右翼民同幹部をたたきだせ」とか叫んで、すさまじい抵抗がおこなわれていた。そういう激しい労働者の抵抗が十分に予想できるだけに、クビ切りは避けたかった。

そこで日本の独占資本経営者が考えたのは、受注するにはするが、自分のところのクビ切りをしなかった労働者にはその仕事をあまりやらせないで、クビをすでに切った労働者＝失業者たちを二ヵ月か三ヵ月の短期間、臨時工として雇用して彼らにその仕事をやらせることにした。

それでまだまだ仕事があるようであれば二ヵ月後、三ヵ月後に契約を更新するというような制度、つまり特需だけのための労働者をつくりあげた。そこで、いわゆる臨時工制度が一般的になっていった。

それから北部に閉鎖されていた工場、半分潰れかけている工場にどんどん仕事をだした。その結果、工場が下請工場として一斉に息を吹き返した。こうしてのちに、日本経済の基本問題に発展する経済の二重構造の基礎ができあがっていった。

わたしはそうした過程を、北部の常任として実際に体験し、つぶさに観察することができた。

2　東洋最大の軍需工場の出現

朝鮮戦争がはじまってから一年ほどたった一九五一（昭26）年九月に、吉田茂が全権大使としてアメリカに渡って、サンフランシスコにおいて平和条約・安保条約を調印した。

当時の戦争体験のある労働者は、中国やソ連を敵対視するこの両条約の締結に反対して政府への攻撃をはじめた。労働者は戦争に苦しめられたから、アメリカとだけいくら平和になっても、肝心な中国、ソ連を敵にするような平和・安保両条約は断固反対するということだった。

そこで社会党は、「全面講和・中立堅持・軍事基地反対・再軍備反対」の平和四原則を掲げた。政府は条約の調印と並行して労働法規改悪案も出すが、総評は五二（昭27）年四月に、条約調印反対と労働法規改悪反対の闘争ストを打ちだした。

この二つの方針は、中小企業の労働組合であろうが大企業の労働組合であろうが、学校の先生の組織であろうが国鉄の労働者の組織であろうが、共通の方針として確認できた。だから、労働運動が全体的にひとつにまとまり、その方針を中心にして政治闘争にまで高揚していった。

北部でも、日産化学がストライキに入り板橋のラボーテがつづき、その後岡田光学（のちの第一光学）がストライキをやり、ぼくがそのストライキを指導した。練馬あたりでも特殊精工がストライキをやるとか、北部地区一帯に一斉にストライキが展開された。

そういうなかで、旧陸軍造兵廠（賠償機械を借りて生産していた全金の東京製作、白木金属を追いだした）が、その生産手段を全面的に使用してアメリカ軍の修理基地となった。ここが、朝鮮戦争の一番重要な工場として、かつての帝国陸軍の造兵廠以上の、東洋最大の軍需工場に変貌した。

一人もいなくなっていた工場に、一万人以上の労働者が集められた。アメリカ軍直傭の労働者が四〇〇〇名（全駐労）、日本製鋼赤羽作業所が請負った労働者が七〇〇〇名、ブリヂストンタイヤが三〇〇名、あわせて一万名以上の労働者が関東一円からかき集められた。

日本製鋼は室蘭にも広島にも工場があった。のちにおこなわれる戦後三大争議のひとつである日鋼室蘭の争議は有名であるが、赤羽の雇用形態は室蘭とも広島とも違った。室蘭、広島の日鋼工場には多くの社員がいて、そこで実際に働いていた。

しかし日鋼赤羽の雇用形態は、日本製鋼という会社の作業場という名称にはなっていたが、日鋼の財産といえば造兵廠の門の外にある掘立小屋みたいなものがひとつだけで、完全な人入れ稼業だった。当時、職安法違反じゃないか、ということも問題にしたくらいだった。

雇い入れた労働者は、旧造兵廠のアメリカ軍基地のなかで働くわけだが、材料から何から全部アメリカ軍の支給で、しかもアメリカ軍の指揮と管理のもとにおかれた。アメリカ軍の銃剣のもとで働いているわけだから、労働者の権利はまったく無視されているような状態が続いていた。

こういうなかで、三井系の資本である日本製鋼は、労働者の不満をあらかじめ押える意味で、最初から右派社会党の松本という人物を委員長とした労働組合をつくらせてこれを支配するという態勢をとっていた。

しかし、戦争が次第に激しくなるにつれて、職場における労働強化など種々の問題点があらためてでてきたが、アメリカ軍に抗議を申し込んだりすれば、即時、「軍命解雇」だった。ところが、松本さん（いまは北海道にいて病気を患い創価学会に入っているそうだが、ぼくの友人が見舞にいったら大変に喜んでくれた）はアメリカのいいなりになっていて、「軍命解雇」に抵抗する気がさらさらないらしい。

そこで五二（昭27）年ごろに、労働運動・平和運動の高揚を背景として、日鋼赤羽のなかに統一委員会という組織が構成され、松本委員長の支配する日鋼赤羽労働組合にたいして、組合民主化の運動に立ちあがった。わたしも北区の社会党の区会議員をやっていた岡田さんの家でおこなわれた最初の会議に呼びだされた。

ところが共産党がかなり影響力を持った人たちが中心だった。ただ共産党も外からはレッドパージでかなり手痛い打撃を受け、内部でもちょうど六全協（五五〔昭30〕年）前で、国際派と所感派の対立でかなりもめていた時期だったらしい。そんな事情もあって、それに、共産党も社会党も無党派も全部入って構成されてもいたので、左派社会党系の天野清君というのが統一委員会のキャップになった。

大体あのころは会社の重役だとか労働組合の幹部になるのはでっぷりしたのがよかった。いまはでっぷりしたのよりは、やせたほうがいいということになっているが、当時は、太っていて一見ボス的でないと幹部は勤まらなかった。彼はでっぷりしていたこともあって委員長になった。

彼はアメリカ軍とけんかをするばあいどうしても共産党の色じゃだめだという。軍も統一委員会は「共産党の組織である」「仮面をかぶった統一委員会である」という攻撃を会社、組合からかけてきていた。それで左派社会党に応援を頼みにいった。

それともう一つは総評の名前を使ったほうがいいということになった。当時の日本の労働運動は同盟が多少あったにしろもう大したことはない、総評は「ニワトリの卵からアヒルがかえった」

とGHQから評されてはいたものの、まだ反共主義を明確に打ちだしていた。

だからたたかうばあい少なくとも総評でなきゃだめだし、そうなると金属では関東金属（現全国金属東京地本）しかないということで、全面的に関東金属北部地協の協力が求められた。そこで統一委員会の組織化に、ぼくらは本格的に手を貸すことになった。

しかし、手を貸すにしろわがほうはドッジ不況で組合員が一〇〇〇名、企業数は一五ないし二〇にまで落ち込み、その後多少増えたにしても一五〇〇名ぐらいしかいないから人数的にはあまり全面的な応援をする余裕がなかった。ところが彼らはビラを関東金属の名前で撒いてもらいたいという。関東金属の仲間によびかけて、日鋼六〇〇〇名の組合員にたいするビラまきを連日展開した。

左派社会党のなかでは日鋼赤羽の委員長の松本は右派社会党だから、あの野郎は労働者の裏切り者だということになった。それで関東金属は左派社会党と一緒になって、各地区労でも松本一派の攻撃のビラをまきはじめた。まずビラ合戦としてはじまった日鋼赤羽のたたかいは、以後いよいよ本格的な争議へと発展していった。

3 「裏切り者平沢」と「日共の手先平沢」

日本製鋼所赤羽工場といっても、北区、板橋区にわたって四つの工場があり、一つの工場で出入口が二つ以上あった。現場にいってみると血だらけの戦車が入ってきたりして、まさに朝鮮戦争の縮図だった。当時の労働者は平和という問題については極めて敏感だった。

戦争というのはそんな格好いいもんじゃないということをよく知っていた。戦争で一番苦労した三〇歳ぐらいの労働者の戦友が実際に死んでいる。赤羽の工場へいくと、まさにその戦争の悲惨さがたいへん身近に感じられた。

ところが、今度はうちへ帰ると朝鮮戦争のおかげで生活水準が良くなっている。酒も飲めるようになった。だいたいこのころが焼酎から二級酒に変わった時代だった。食べ物もよくなってくるし、アパートも大分建って住むところもだんだんできてくるという時代だった。

しかし、そうはいっても日本製鋼所赤羽工場で、自分たちのつくっている製品・修理は全部朝鮮戦争のための武器だということもわかっている。これに対する組合員の怒りが爆発して、一九五三（昭28）年四月の役員選挙でついに右派社会党の松本さん一派を、「ベースアップの完全獲得、たたかう組合の一本化、労働協約の早期締結」の諸要求をかかげる統一委員会（主流が社会党左派で共産党も支持）が大差で破り、天野さんが日鋼赤羽労組の組合長に当選した。

まだこのころは中立組合だったが、その時点でこれまで統一委員会を全力をふるって支持してきた関東金属労働組合に争議・要求・闘争の指導を要請してきた。そこで北部常任であるわたしもこの闘争に正面きって参加することになった。

五月に四〇〇〇円くらいの賃上げ要求をだしたのにたいし、会社が二一〇〇円くらいだったか、初回でかなりいい回答をしてきたにもかかわらず四〇〇〇円に固執した。賃上げ要求は交渉したが解決せずに、むしろこれと並行して、これまでしいたげられていたアメリカ軍にたいする反撥が非常に大きくでてきて、ストライキ突入という主張が強くだされた。

そこでストライキをやるかやらないかということを六〇〇〇人の全員投票にかけたところ四九〇〇票、八〇％以上の賛成票でスト権が確立された。スト権を背景にして団体交渉をやったが、会社側は一歩も譲らない。

団体交渉の相手は会社だが、実際は米軍の支配下におかれているわけだからストライキに入るということになったら、さすがの天野執行部もよろめいた。アメリカ軍の基地のストライキなんていうのは日本で初めてで、全駐労もまだやっていない時だった。

執行部から、「初めてやるストライキだからもう一度検討したい」ということをぼくに相談しにきた。亡くなった佐竹五三九（前全金委員長、当時関東金属書記長）さんとも、「ストライキに入っても、もし指導部がよろめいて争議が混乱するようでは困る」ということを話し合った。前のシチズンの例で、真島さんの話した「固い決意があってこそ、闘いは前進する」という方針を思いだした。

それで今一度、大衆討議に付してストライキ権について再投票をするということを執行委員会で決定して、闘争委員会を招集し討議することになった。それまでは各工場から、だいたい六、七〇人の委員がでてきて討議していたが、この委員会は一〇〇〇名近くが集まってきた。

そして、「お前らみたいな裏切者は何だ」と、ものすごい吊し上げを食った。だけどぼくも佐竹氏も断固として、「もう一回投票すべきだ」と提案をした。一〇〇〇人ぐらいの組合員に圧力をかけられ、「ばか野郎、全金は出てゆけ」といわれ、外にある事務所がゆさぶられているなかで一時はどうなることかと思った。度胸を決めて討議させ最終的に採決で、再度投票することを決めた。

そうしたら二〜三日して、日本共産党の赤羽細胞というのが、あのころとしてはタブロイド版のちゃんとした新聞で、「裏切り者平沢」と三段ヌキで書いてそれを一〇万枚つくって東京都内にばら撒いた。佐竹さんがいるんだけれど佐竹さんのことは攻撃しない。

それだけではない。いま新産別の全機金で書記長をやっている斉藤健次郎さんは、当時は日鋼赤羽の組合員で反全金の先頭に立っていた（いまは、全金の大会に彼が挨拶にくるし、わたしも全機金の大会に挨拶にいくといったように、大変仲良くやっている）。いわゆる右派社会党で新産別と組んでいた。

新産別は左派社会党だったので、そこのところは今でもおかしいな、という感じが残っているが、その斉藤君たちの民同グループから、「共産党と手を握っている全国金属はけしからん。平沢が共産党の手先になるとは何事だ」というビラを、これもまた大量に流された。

ところが、これは、わたしにとってみたらわりにいい立場にいることになる。片一方は「共産党の手先」だというし、共産党は「裏切り者」だという。わたしは、ストそのものに反対ではないんだが、これまでの経験をふまえて慎重にとにかくもう一回投票をするべきだと考えていた。だから、共産党は「裏切り者平沢」であり、右派社会党はもともとストに反対だから「共産党の手先の平沢を葬れ」ということになる。そこで、いろんなビラが各所にでまわることになった。

そうして左右激突する、六月一六日、全員投票をやった結果、賛成は全体の七五%の三六〇〇票、反対は一六〇〇票、白紙は一一〇票で、再びスト権が確立した。それでいよいよ、雨のなか、ストライキへぶちこんでいった。

4 アメリカ軍の発砲と第一次争議の勝利

ストに入ったものの、工場が四つに分散されているうえに、門が全部で一〇ヵ所ある。ところが、そういうことは、あまり考えていなかった。

一方、日鋼の労働者はといえば、ほとんどあちこちからの寄せあつめの、失業者のたまり場のような労働組合で、企業意識などまるでない。そこで、全面的にピケを張ることにした。

そのときに、東城守一（とうじょう）先生（故人）が、その年の四月に修習生を終えて、弁護士になったばかりで法律闘争面の指導にきた。これはまた、実に調子のいい弁護士で、どういう話をしたかというと、「労働者のストライキは労働組合法で保証されているから、ピケであろうがなんであろうが、要求貫徹のためなら何をやってもいいんだ」という演説をした。「刑法第三五条の免責規定があるんだから、ピケは何をやっても結構だ」とみんなにぶって歩いた。

それで社会党や町会からテントを借りてきて、四工場と各ゲートの連絡網、伝令の班編成をした。多くの組合員は軍隊経験があったので、わりに容易に編成することができた。

総同盟時代にいくらかストライキをやったし、関東金属にきてからもいくつかやったが、だいたい一つの工場でやるだけのストライキだった。仮に二つの工場があったとしても、電話で連絡できるストライキだった。

ところが、今度のばあいは組合員がまったく工場に入れない。出入り口にはアメリカ軍、全駐労、それにブリヂストンタイヤががんばっている。それで、屋外にみんなでて行動するストライキということだった。この経験は、後に般若鉄工の争議や分散している大企業の工場のストライキのときに大変役立った。

第一日目のストライキは、アメリカ軍以下全部入口で停めてしまった。そうしたら、アメリカ軍はおとなしかったが、問題が全駐労から起こってきた。全駐労の四〇〇〇名の連中を代表して、井口岩夫君（全駐労東京組織部長）——ちょっと英語の話せる人で全駐労に入る前は電力にいて、あとで全金の町工場に入ってきて、むちゃくちゃなストライキをやったおもしろい人物だった——が乗り込んできて、「おれらの賃金をどうするのか、全部そちらで負担するのか」とこうきた。

「負担するならピケを張りつづけるのもいいだろう」というわけだが、負担できるわけがない。

それに総評系のなかまとしてもなんとかしてもらえないかということだった。

それで全駐労との交渉がまずおこなわれて、二日目あたりにようやく話がついて、「全駐労とアメリカ軍の出入りを認める」という約束を双方と結んだ。

最初の一日はなにがなんだかわからず恐いもの知らずだった。東城先生もあんなでっかい争議は弁護士になりたてでもあるし、よくわからなかったんじゃないのか。

労働者もまた企業意識がない。それはそうで、要するにクビを切られてあっちこっちからきたしかも身分の不安定な臨時の労働者だから、ストライキにも入れた。ところが機動隊が常時二〜三〇〇〇人きている大ストライキなのに新聞がぜんぜん載せない。もちろん二〜三〇〇〇人の機動隊といったって、当時の機動隊は弱かったから労働者の実力行使には手がつけられない。こっちはとにかくすごかった。

米軍にも普段いじめられているもんだから、連中が自動車でくると、棒でぱっと停めちゃう。もう講和条約（五一〔昭26〕年九月）が発効しているという意味では安保条約にもとづく駐留だからそれ以前の占領軍とは違う。パンパンを乗せているときには停めて、戸を開けて車の中の捜査をやり、日本の女だったら引きずり出しちゃう。そういう時にはみんな群集心理で気が強くなっている。

それにもちろん朝鮮戦争のまっ最中だから、北京放送とかモスクワ放送とか、日本の『赤旗』もそろって、「日本の英雄的な労働者が東洋最大の軍需工場でストライキに立ち上がった」とか朝鮮総連も「朝鮮侵略の最大の米軍基地がストップ」なんてジャンジャンやってくれているから、こっちもいい調子になっている。

それで組合員がゆきすぎた行為をして事件を起こしてぱくられたが、警察署はぱくられた連中に逮捕状を執行できない。逮捕状を執行するといったって、板橋警察なんか取り囲まれちゃって動きが取れない状態だった。

その当時、偶然にすぐそばのラボーテというところで争議がおこなわれて、「立入り禁止の仮処分」がだされたというので、たしか千種という裁判官がきたが、彼はピケ隊に取り囲まれて門のなかに入れなかった。それで、カンカンに怒っていた。

わたしはよく知っているんで、「千種先生じゃないですか」というと、「ここは全金ですか」と聞くので、「いや全金じゃないです」といっても信用しない。

「私がきたのに何でここを通さないか」というから、「裁判官という名札をぶら下げていないからです。ぼくが話をつけてあげよう」といって、「ここにおられるのは裁判官で、組合が工場を占拠しているのは合法的かどうかということを調べにこられたんだから、別にピケ破りじゃない。だからなかへ入れたらどうか」と話して中へ入れてやったこともあった。

そうした周辺の争議も盛り上げながら日鋼赤羽の争議は続いていたが、新聞はまったく報道する様子をみせなかった。ところがストライキに入って何日目かにピケで事件が起こった。

かなりの応援部隊がかけつけてピケを張っているところに、アメリカ軍はジープをピケの前でいったん止めるという約束をしたにもかかわらず一台のジープが突っ込んできた。門が開いていないのを承知で突っ込んだ。ピケの連中が怒って、「引きずり出せ」とたれかれなくいうと、米兵を引きずりだした。少し殴ったり蹴とばしたりしたので、兵隊は青くなって、ワァワァいいながら基地内に入りこんだ。

その時、アメリカの兵隊がでてきて実弾を一発「ダーン」とぶっ放した。銃だからピケ隊へ向けて射てば当たるはずだが、一人もけが人がでなかったことからすると、天井へ向けての威嚇発射だったらしい。

米兵発砲事件究明へ

日鋼赤羽工労組員 参院労働委で説明

参院労働委員会は十九日、ストライキを行っている日本製鋼所赤羽工場で米兵が発砲した事件があるというので調査に乗り出すことを決め、二十日の同理事会でこれが具体的な方法を協議することにした。この日の参院労働委員会には日鋼の労組員が傍聴していたので、左右両派社会党の委員が労組員を参考人として事件の実情を聞くことを主張したが、自由、改進両党委員はこれに反対して押問答となり、結局正式な委員会としてではなく懇談会に切りかえて、労組員から実情を聞いた。日鋼の労組員から「日鋼赤羽工場は米軍の管理工場として、米軍と会社の私契約が優先するため、実際には労働三法の適用が不完全である」との報告があり、委員会としては、これらの実情と発砲事件とはいずれも日米行政協定の根本に関する問題であるとの見地からこの問題を調査することとした。同委員会で山崎日鋼赤羽労組組合長は発砲事件の概要を次のように述べた。十八日朝スト中の赤羽日鋼工場でピケラインをはっていたところへ、米人が日本の婦人従業員を連れて通ろうとし、もめていたところ、警備していた米兵が威嚇のため発射したようだ。

ちょうど国会開会中だったので、「これはチャンスだ」とばかりに、都電を借り切って一〇〇〇名近く動員して左派社会党に陳情した。右派は第二組合の系統だから、その連中にはちょっと頼めない。右派は第二組合の系統だから、その連中にはちょっと頼めない。衆議院では、左派社会党は一六名しかいない。ところが、参議院にいくと三一名で野党第一党だった。右派社会党は三〇名だった。

野党第一党というのは、どうも特別のようだ。いまの社会党はだらしがないから、常に第一党なのにそれらしい活動をしないで、あっち向いたり、こっち向いたりしている。そんなことではますます地盤沈下していくんじゃないかと思うが、それはともかくとして、当時の野党第一党の社会党には力があった。

それで、参議院で、「労働者のストライキに銃を向けるとは何事だ」と追求したので大騒ぎになった。新聞も重大な問題としてでかでかとニュースにした。アメリカ兵が争議中の組合員に銃を向けたというので、がぜん各新聞がとりあげ社会問題にまで発展した。

そこでアメリカ軍を相手にして、当時は国会議員でも入れなかった軍の基地のなかに、わたしと東城さんと佐竹さんと入っていき交渉をやった。画期的なことだったが何といってもはじめての米軍基地争議であったため、なんとかして早く収拾をしようという方向へ、わたしも動いたし、佐竹さんも動いたのではないかと思う。

その結果、基地内での組合活動の自由を一定程度獲得することができたが、賃金に関しては第一次のスト突入の直前に会社側の提示した回答の二四〇〇円で妥結した。

会社側の妥協案は次の通り。

一、賃金二四〇〇円のもとの線までもどす。
一、遡及支給、配分は今後に移す。既得権の破棄通告はてっかいする。
一、ユニオンショップ制は労協の最後の線までもどし今後交渉する。
一、争議についてギセイ者は出さない。しかし刑事問題を起したものはこの限りでない。
一、組合活動の自由については次の通りにする。

1　集会は休憩時間中、基地外でやらせる。門の出入りは自由に許可する。
2　ビラ、連絡は休憩時間中は許可する。
3　組合業務で基地内立入はいかなる時間中でも許可する。

こうして、六〇〇〇人の組合員が統一を誇って九日間（五三年六月一六～二四日）うたれたストライキは、勝利のうちに幕を閉じた。

5　第二次争議の敗北と刑事弾圧事件

日鋼赤羽の争議（第一次）が終わった一ヵ月程あとの一九五三（昭28）年七月二七日（朝鮮戦争休戦協定の締結日）に、八月に公布される「スト規制法」反対北部地区労働者大会が北区飛鳥山で開かれた。

大会後、デモ行進がおこなわれたが、国電の巣鴨駅前で警官隊と衝突が起こって「巣鴨事件」と呼ばれる事件になった。

私服のお巡りのカメラを盗んだとか盗まないとかが事件の発端だったが、「行進参加者が共謀して傷害を負わせた」として一一人が公務執行妨害・傷害で起訴され、大会実行委員長以下四人も許可条件違反＝公安条例違反で起訴された。

この巣鴨事件の対策のために、青柳盛夫先生や植木先生が中心になって弁護団の編成がなされ、全金からは東城先生がその弁護団に加わったがわたしも特別弁護人を引き受けた。そういう態勢でこの弾圧事件（のちの公判闘争で警察の計画的デッチあげ事件であることが判明した）に対処した。最初は全印総連の連中だけが起訴されて、日鋼赤羽の組合員には手をつけなかったが、日鋼赤羽の全金加盟への決定がでる直前の五三年一〇月に、副委員長の前田・大畑君が逮捕された。しかし、この二人は警察で黙秘を通し勾留請求も却下された。勾留請求却下は、当時は珍しく（初めてではないだろうか）新聞で報道された記憶がある。

五三年一〇月の定期大会で全国金属への加盟が正式に決定されるが、そのときに、いま新産別の全機金にいっている斉藤君たちが会場から退場して、第二組合の結成がおこなわれた。それと並行して会社側は二三〇〇名の解雇（一〇月二八日）を発表したので、第二次争議に突入した。解雇者の内訳は、労組執行委員の三分の二、職場委員の三分の二以上および「六月スト」（第一次争議）における活動分子が中心であった。

組合はクビ切り反対で一日ストライキをうち、団交をしたが思うような成果があがらず、スト決行を決め、一一月一二日に全面ストライキを決行した。こっちだけではピケを張れないから、東京地評に総動員をかけて各ゲートにピケが張られた。

そこで第二組合との衝突事件が起こり、この事件を口実に川井敏正君（現東京地本常任）ら三名が逮捕された。巣鴨事件といい、今回の逮捕といい、高揚期にある北部労働者への官憲の弾圧であることは明らかだった。会社側もすかさず退職条件の引上げ案を示しながら、第二次クビ切りのうわさを流した。組合員の必死の抵抗にもかかわらず、退職者と脱退者が続出して、第一組合は大きく切り崩され、第二次争議は敗北に終った。

敗北するとまっていましたとばかり、巣鴨事件の関係で、元組合員など多数が逮捕された（五四年二月）が、起訴された九人は日鋼赤羽の連中だった。弁護団は全印総連の関係者が中心だったので、東城先生とわたしが最後まで弁護にあたることになった。

総同盟金属のころは、刑事弾圧などということはあまり経験がなかった。総評に加盟（五一年二月）し、この事件を契機に刑事弾圧の経験もようやく全国金属のものとなってきた感がある。

全国金属は労働金庫から一千万円を借りて組合に貸していたが、第二次争議の敗北で一番手痛い打撃は、それが焦げ付いたことだった。組合はそれぞれ組合員個人に貸し付けたが、その方法がきわめてずさんだったので組合員は借金を組合に返さないでいなくなった。

日鋼赤羽が全金に加盟したとき北部地協は、組合員が一挙に六〇〇〇名増えて七五〇〇名になった。それで、五〇〇〇名が登録したので、一ヵ月一五万円（当時の関東金属の一人あたり組合費三〇円）の組合費を鼻高々として本部に納めた。

けれども総敗北になって、借金を背負ってしまい三日天下だった。その借金を返済したのは、六五（昭40）年の初めだった。日鋼赤羽支部で土地建物を持っていたからそれを処分したり、いろいろ計算をしてようやく返済できた。

今となっては笑い話だが、川井君たち三人が小菅の刑務所で二十三日間ぶちこまれて、完全黙秘をしていたが、保釈の決定がでてみると一人一万五千円だった。当時の金額としては月給の二ヵ月分以上だから、いまでいえば五〇万ぐらいでしょうか。しかし、当時の金銭感覚では大変な額だった。

その金を「何とか用意しろ」ということをわたしが本部にいいにいったら、いま労働金庫の常務理事をやっている三浦一則君がその時本部の会計をやっていて、「そんなお金は、日鋼赤羽で都合しろ」という。しかし、日鋼赤羽は組織が空中分解の状態になっているうえに、一千万円も借金をしていて金なんかビタ一文ない。担当の弁護士の費用は払わないで済むけれども、保釈金は払わないではすまされない。

それでぼくは個人で借用証を入れて、四万五千円を借りて保釈金にした。

連中はたいした機嫌だった。民族独立行動隊の歌なんか高らかに歌いながら刑務所からでてくるんだが、だすまでの裏の話というのは四万五千円のお金の問題もふくめて大変なものだった。

ところが結局、その四万五千円はどうなったのか、いまでもわからない。個人の借金だが、わたしが返済した憶えはない。おそらく、会計の方で処理したのだと思う。そこはやっぱり会計といえども労働運動の第一線でたたかうための金だから、ほかの会社の会計とはちょっと違うということでしょうか。

Ⅴ　会社更生法・背後資本との闘争

1　朝鮮戦争後の不況と会社更生法

日鋼赤羽の第一次争議が勝利に終わって、第二次争議のはじまる一九五三（昭28）年一〇月に、わたしは全国金属労働組合中央本部の常任書記（青婦対策部長）になった。それから六〇（昭35）年までの七年間の闘争は、三つに分けて考えられる。

一つは、会社更生法とのたたかい。二つは、経済の二重構造のなかでの、使用者概念拡大闘争のはしりのたたかい。三つは、金属労働者の集中しているところは、京浜地帯、京阪神地帯、中京地帯そして北九州とだいたい決まっていた（当時一三の地方本部、現在は三五の地方本部がある）が経済の発展とともに、金属の工場が全国に広がっていった。そこで、全国金属の組織拡大のたたかいが展開された。

その三点が、争議と組織拡大の闘争だった。

はじめに会社更生法のたたかいについてだが、朝鮮戦争の特需の発生によって、日本の経済がうるおい、日本独占はこの時期に息をふきかえした。しかし戦争終結後に大きな不況がくることは明らかだった。

そのばあい当然、企業の倒産が予想された。倒産手続のひとつは倒産時の財産を債権者にみんな分けて企業を消滅してしまう、いわば死体処理的な破産法の適用。もうひとつは、企業の再建を目ざす商法三八一条による商法整理。あとは、中小企業のばあいは裁判所の手をわずらわさないで債権者や倒産企業が話し合って解決していくやり方（内整理とも任意整理ともいう）。——それ以外にも特別清算とか和議とかのやり方もあるが、大別すると最初にあげた三つだった。

ところが朝鮮戦争の終結によってこれまでの仕事量が一挙に落ちこむわけだから、もしそのまま放置していたらかなりの企業が倒産し、破産法か商法三八一条の会社の整理ということになる。破産というと生産機構が全部止まり、残った資産を全部分けてしまうわけだから、企業は再起不能になる。それから商法三八一条で再建するといっても、債権者全体の同意がないとなかなかむずかしい。

だから中小企業の倒産の事件のときに経験があるが、ちょっとりこうな債権者は、どんな再建案でも反対するという方針をだす。何でもいいから、「潰しちゃえ、潰しちゃえ」とやる。そうすると何とか潰さないで会社を生かそうとする側が、徹底抗戦の債権者に対して裏金をだす。だいたいそうなるケースを中小企業の倒産でずっとみてきた。

日本の独占資本は、特需で多少立ち直っているとはいうものの、まだまだその企業基盤は弱かったので、あちこち倒産が起これば連鎖倒産で経済恐慌になることが考えられた。たとえば日米自転車が不渡りをだすと、そこからの発注で自転車のリムをつくっている、高砂鉄工が倒産するというふうに、みんな関連性がある。三井精機なんかだと三輪車をやっているから、そうすると高砂のチェーンと関係がある。

要するにもし破産法と商法三八一条とかの既存の倒産手続だけだったら、せっかく朝鮮特需で立直った日本経済は、朝鮮戦争後の不況の下で、まず中小企業が関連倒産をし、大企業もへたをするとその渦のなかに一挙に巻き込まれてしまう危険性があった。

そこで一口にいえば、あるていど労働条件を引き下げても工場を潰さずにいたいという労働者の気持、会社再建のためにはあるていど犠牲をはらってもよいという下請業者の気持も十分利用して、生産を維持しながら債権者の多数決で再建計画をすすめる（実際には一般債権者を多数決でたたき切っていく計画案）方式を、アメリカですでに実施されている法律に準じて、会社更生法としてつくりあげた。

銀行資本も、破産になれば不良債権で焦げついたことになるが、会社更生法で貸し付けということであれば貸した金は将来の返済がみこめ、貸借対照表上の資産として残ることになる。その朝鮮戦争後の不況に対処する会社更生法が公布されたのは五二（昭27）年だった。その後多くの倒産倒産で問題となる会社更生法は、そのような経過で制定公布されたのである。

2　第一光学の退職金棚上げ

わたしが東京地本から中央本部にきて、その後任には第一光学支部の藤芳満男君（現東京地本組織部長）がなったとはいうものの、労働運動というのは人間関係が基本だから、東京地本の仕事はこれまでどおり相談を受けていた。

日鋼赤羽を支援した、北部最大の全金の中心の工場だった第一光学というカメラ会社で、一九五四（昭29）年に経営不振によるクビ切りがおこなわれたが、徹底的にたたかって、クビ切りを撤回させて勝利した。

ところが争議に勝利してまもなく、不渡りをだした。それで会社はいろいろ考えた末に、一時帰休をやるとか、従業員の半分に失業保険を取らせて会社再建をやるとか、随分いろんな手を使ったが、ついに二進も三進もいかなくなった。

そこで工場閉鎖を認めて解雇も認めるという協定になった。わたしには、東洋時計の閉鎖のときに、退職金の協定を結ぶには結んだが、支払い期日を明確にしておかなかったので、引き延ばしをされた苦い経験があった。

労働基準法の二三条に、「一切の賃金を退職後一週間以内に支払わなければいけない」と書いてあるが、支払いの期日が決めてなかったから、なんだかんだいって支払いを引き延ばされた。

いまは昔と違って仮処分を申請するとか何とか手をうつことができるが、そこまで頭が働かない時代だった。

そこで第一光学のときは工場閉鎖をするに当たって、解雇を認めるが、そのかわり退職金全額と、それ以外に当時の金で退職金以外に解決金を二、三万、「一週間以内に支払う」という協定を結んだ。

会社は金の都合で一ヵ月以上は必要といっていたが、こちらも一週間では無理かなと思いつつもとにかく協定をきちんとやった。東洋時計の時の経験からここがミソだった。

会社のほうではとても一週間以内に金の都合はつかないと最後までいっていたが、こちらは都合がつかなくても、そういう協定をしておけば安心だと思っていた。

その時はまだ会社も良心的だった。ところが数日の間に、恐らく弁護士が間に入ったと思うが陰謀をたくらんだ。一週間後に交渉しようと思っていたらその一週間の間に、「保全処分になった」といって執行吏がやってきた。

「保全処分って何ですか」と聞くと、「会社更生法の申請がおこなわれて保全処分をするんだ」という。しかしこれは会社を再建する法律でしょう。何で全員解雇で会社更生法なんだろう?と思った。

会社更生法の施行について、新聞記事をみたことがあるが、法律はよくわからないから社長に、どういうことだと問いつめた。社長は、「債権者がたくさんあるんで、このまま放って置いたら暴力団やなにやらがきて、会社の財産を持っていかれてしまう。そこで財産の移動を禁止するのだ」というふうなことをいった。

だが組合にとっては、暴力団なんか恐くない。事実、第一光学の争議でも暴力団が介入した。その経過を話すと、まず会社がロックアウトをやる、という情報が入った。それで若い連中に、「争議のときには幹部こそ裏切るかもわからないから、ピケを全部に張っとけ」といった。わたしが駅前で焼酎を飲んでいると、ちゃんとうしろにピケが付いていた。

ロックアウトの情報は、板橋の森照(もりてる)組という暴力団の家の縁の下で、組合員の一人が、「今夜一二時にロックアウトをする」ということを聞いた。こっちは夜中に起こして武装させた二〇〇人の労働者を集結して、暴力団の連中がトラックに乗って、櫓(やぐら)（バリケード用）を運んできたところを、わっととり囲み、みんなで棒を振りかざして「この野郎」とやったら、さすがの暴力団も青くなった。

それ以後も暴力事件が起こり警察官もかなり動員されたりした。もしトラブルが起こってはこまると組合側も地元の板橋英雄社会党都議会議員（故人）にきてもらい、組合・警察・暴力団と話し合って、組合員が自由に出入りすることができるバリケード、ロックアウトの意味をなさないバリケードを組立てた。

そういうことで、暴力団なんか恐くはないが、考えようによればいろいろな債権者がいるということで、一応保全処分は認めた。しかし、認めたとはいうものの、裁判所の認定を確認したにすぎない。当時の法律に対する感覚はその程度だった。

保全処分の決定内容は見たがよくわからなかった。「労務債権を除いて」というのは入っていて、「賃金は払っていい」と書いてあるように思ったが、あまりたしかな記憶はない。退職金は、「いましばらく待ってくれ」ということだった。その辺について弁護士に相談しなかったのは、手落ちだったと思う。

保全処分の後、更生開始決定がでて管財人が決まったので、管財人に会って、「前にこういう協定をしているのに、何で退職金を払わないのか」と聞いた。そうすると管財人が、「この会社はいろいろと債権が入り組んでいるので、裁判所が関係人を集めて協議している。そこで返済計画をちゃんと公平の立場で決めて支払う」という。

わたしはそのころは、裁判官というのは神聖にして侵すべからずと思っていた。敗戦直後には法を守って闇物資を買わないで栄養失調で死んでいった裁判官もいたくらいだから、裁判官というものを信用していた。

そして、第一回関係人集会が開かれて、関東金属は当然関係人だということで労働組合の代表として法廷に乗り込んでいったら、東京地裁民事八部の岡部という裁判長が、「だめだ」という。債権者と株主以外はだめだと拒否されたが、結局は退職金の債権者ということで、委任状をもって法廷に座った。

ところが、集会は裁判長が議長で管財人が資料をだして、何かムニャムニャといったらそれで終わりだった。

これはおかしいと思って裁判官面接をした。そして、「一体おれたちの退職金はどうなるんだ」と聞いたら、「あなたたちの退職金は優先的更生債権だから、これから一年間棚上げで、一年後に分割して皆さんへ支払います」と、いうから、「そんなばかなことが許されるか、労働基準法二三条では一週間以内となっているし、協約でも一週間以内となっているじゃないか」といったが、「これは裁判の決定なんだから、文句があったら高等裁判所もあるし、抗告などの手段がある。そこで主張したらどうですか」といわれた。

これは大変なことになったと思って、あわてて山本博弁護士に詳しい説明を受けたがよくわからなかった。彼もあのころはよくわからなかったらしい。いまでこそ、総評弁護団事務局長を経て総評弁護団副会長という大物になっているが、そのころはまるでいいとこの坊ちゃんみたいであまり頼りになりそうもなかった。とにかく、裁判所の認定ということで、手の打ちようがなかった。

3　裁判所と国会への抗議闘争

一九五四（昭29）年の七月に日本バルブが会社更生法の申請をおこない、九月の管財人の就任と同時に労働協約、退職金の破棄などを通告してきた。このたたかいを通じて、蒲田、大森の工場と本社の中立組合が全国金属に加入し、総同盟だった千葉工場労組も、同盟は「会社更生法が開始決定されたらクビ切りを認める」という方針だったので、これに抗議して脱退して一二月に全金に入ってきた。

そこの顧問弁護士をやっていたのは、免田事件で有名な尾崎陞先生だったが、わたしとは非常に古い仲で親しかった。

それで尾崎先生や東城弁護士と一緒に相談して、第一光学とともに続々とあらわれてきた更生会社——高砂鉄工、日本起重機、理研製鋼、富士製鋼、中立組合の三井精機、大田自動車、全織の東洋毛織、——それに商法上の整理の日米自転車などの組織を含めて「会社更生法対策委員会」を設けて、東京地裁民事八部を中心に抗議闘争をやりはじめた。

五六（昭31）年には、国会で問題にしようということになった。そのときに、退職金問題で追求したら、第一光学の東京地裁の認定（一年棚上げ、更生計画のなかで分割、ばあいによれば切捨も可）もあり、やぶを突っついてヘビをだすことになると思って、会社更生法下の労働協約と労働基準法の適用の問題を中心に追求するという戦術をたてた。

そして、社会党を通じて国会で追求することになった。そのときの質問が、阿具根登先生、亡くなった赤松常子さんとかで、答弁に立ったのが例の札幌地裁福島裁判官に干渉したことで有名な平賀健太だった。

まず、「更生法下の会社の労働者が、労働基準法の適用を受けるかどうか、更生決定以前の労働協約は有効かどうか」という点を突くと、平賀健太は、「会社更生法になったとしても、当然労働基準法の適用は受けるし、労働協約も当然尊重すべきである」と、うまい逃げ方をやった。しかし「労働基準法の適用を受ける」ということは明確になった。そして、「賃金遅配は認めない」という言質も取った。

ちょうど朝鮮戦争後の不況だから、賃金の遅配といういまではちょっと考えられないような事件が各地で起こっていた。二五日あるいは月末に支払うべき賃金が、半月ぐらい遅れる会社が続出していた。もちろん、会社更生法を適用されている会社のほとんどが期日に賃金が支払われていない。

そこへ目を付けて裁判所に乗り込んでいった。高砂鉄工、理研製鋼、日米自転車など五つの会社の名前を挙げて、「裁判所の任命した会社の管財人が、犯罪行為をやっているから取り締まってもらいたい」と切り込んだ。それには裁判所も驚いて、応対した入江一郎という裁判長が、「どうしたことですか？　何か悪いことをやりましたか」と聞いてきた。

そこで「五つの会社では毎月二五日に支払われるべき賃金がいまだに払われていない。これは明らかに労働基準法第二四条の未払い賃金で、罰金刑五〇〇〇円に処すという刑事犯である。だから、このような犯罪を犯す管財人を、断固取り締まってもらわなければ困る」と主張した。

ところが裁判長は最初はびっくりしていたが、賃金遅配と知ってホッとした顔で、「まともな会社でも遅配しているところがある。まして倒産した会社だからがまんしたらどうか」といったから、激しく抗議した。

「冗談ではない。普通の会社の社長は法律を知らないだろうが、しかし少なくとも裁判所が任命した管財人は、たしかな法律知識をもっていなければならないはずだ。聞くところによれば社長以上の権限も与えられている。にもかかわらず、民事上の問題ならまだしも、刑事犯罪事件を起こすとは何事だ」

退職金の問題についてもいった。

「第一光学では、労働者はクビ切りを認めて退職金で解決しようとした。会社は退職金の支払いを確約したにもかかわらず、裁判所に更生申立てをおこなった。そして裁判所は退職金を更生債権として、一年間も棚上げにする。一体これはどういうことになっているんだ。労働基準法二三条には、払わなければいかんと書いてあるではないか。それを法律一点張りで、控訴をしろ、控訴をしろとばかり……。控訴しろといっても弁護士の金が必要ではないか」

最後に、「そういう裁判官ならおれは裁判官を告訴する」といった。「違法裁判官、違法裁判官」と入れ替わり立ち替わりワッショイワッショイやったものだから、民事八部はまるで労働部のようになった。

一方、国会で追求したので、各労働基準監督署は、賃金遅配の会社を基準法違反で一斉に捜査した。これは、更生法下の基準法追求では戦後はじめてのことだった。そして、更生法関係の組合の未払賃金は解消された。

それ以来、更生法、破産の管財人、商法整理の管理人などにたいして、裁判所の任命だから労働基準法違反はもちろん不当労働行為など不当行為をやらせないというたたかいの方針を全金は確立した。これが工場占拠闘争とともに全金の倒産闘争の基本になっていった。

4　日米自転車・高砂鉄工・日本起重機の争議

日米自転車の倒産は商法三八一条による整理の方法がとられていたが、裁判所は更生法と同じ民事八部で担当していた。解雇通告は「予告手当だけは支払うが、退職金は追って通知する」という内容だった。

しかし、第一光学の例をだして絶対に金と命の交換だということでがんばった。第二組合もできかかり、危ないところまでいったが、最後は希望退職にして退職金も全額支払うことで話がついた。

この組合は、その一年くらい前に「全金に加盟したい」というのででかけていったところ、共産党や活動家の連中から、「総同盟の右翼がきたが、あんなものには入るな」と猛反対され、否決されてすごすごと引き上げてきたことがあった。

そして共産党に近い連中が執行部を握った。しかし、商法三八一条の整理になって「クビ切り通告」をだされると指名解雇される連中が全金に入ってきた。全金とはあぶなくなければ入らず、あぶなくなると入る組合なのである。

クビ切りは町田工場（東京都町田市）の三〇〇人のうちの一四〇名を対象にするものだったが、会社側に働きかけられた解雇対象外の一六〇名の連中が「多数決で解雇を認めるかどうかを決定する」との提案をした。

わたしは大会で採決がおこなわれる直前に、「こんな多数決ってどこにあるか。もし、一六〇対一四〇で解雇承認が決まるということになれば、全金は退職金ももらわないで解雇される一四〇人の立場にたって断固たたかう。そうなれば、会社自身どうなるかわからない」と大ミエをきった。

そうすると、紆余曲折あったが、とにかく満場一致で全員が団結してたたかおうという方針がだされ、確認された。

そうしてその翌日、団交にいったら会社側は、「退職金は払います。プラスアルファも一挙に払います」とまるで態度が違う。幹部のクビ切り撤回も認め、退職も希望退職あつかいになった。払うということがはっきり決まったものだから、指名解雇されている一四〇名の連中が、「全金さんよくやってくれた。おれらはいままで全金に入ることに反対してきて、平沢さんにも迷惑をかけたけれども、これだけ面倒をみてくれて本当にありがとう。また解雇対象外の皆さんが先の大会で解雇承認をとり下げてくれたことにも感謝している。しかし、会社は残す必要があるから、やっぱりおれたちは勇退します」と。勇退といったって希望退職だから、いたいやつは残ることができた。

しかし、肝心な全金派のほとんどがやめていった。残った連中は、かつて「全金はこの争議で会社を潰す」とまでいったのだから、全金に残らないと思って、「君らは全金をいつ脱退するんだ」と反全金派の長谷川君（後に社会党町田市会議員・故人）に聞いた。

返ってきた答は、「とても全金をぬける気にはなれない。いままで会社は、予告手当だけでクビ切りを通告してきた。退職金を払うと会社は潰れるとおどかされつづけて、それで全金を批難したりした。ところが、わたしたちが団結したら退職金は払うし、幹部のクビ切り撤回も認めた。いままでは会社にだまされていたんだ。全金に入っていれば、万一の時退職金だけはなんとかなると思うと心強い」。そういう形で争議に勝利した日米自転車は、全金に残ることになった。

高砂鉄工もクビ切りがおこなわれたが、入江一郎という裁判官は、第一光学のときの岡部裁判官とちがって、「退職金は支払うべきだ」という見解をだした。ところが、民事八部の内部で意見が分かれたようで、退職金は優先的更生債権（優先債権とはいっても担保付債権や共益債権ほど優先しているわけではない）であるということですぐあとでその見解を撤回した。

そこで、第一光学のばあいは更生開始決定以前の解雇だから優先的更生債権、しかし高砂鉄工のばあいは開始決定以後のクビ切りだから、会社更生法の必要経費とみて、共益債権にして全額支払うべきだと主張した（会社更生手続など倒産手続を進めるために必要な経費は、共益債権として最優先して支払うべき債権とされている。倒産手続を進めるために労働者の解雇が必要だというなら、その退職金はそういう債権として扱うべきだと主張したわけである)。

この考え方は、更生法、破産などの倒産にあたって、労働債権を倒産手続に必要な経費という主張をして、最優先に払わせるという倒産闘争の方針につながっていった。

高砂鉄工も指名解雇ではなく、希望退職ということで解決した。当時は名古屋工場だけが全金に加入していたが、その闘争を契機に東京の大島と板橋、滋賀県の草津というような工場の従業員も一括して全国金属に加入した。

理研製鋼は、新潟県柿崎(長岡市に宮内工場)という田舎なので倒産争議を現地で直接に指導をした記憶はないが、今でも古い組合員たちは、会社が倒産して困っているときに、全金が問題を国会にまでひろげたことを若い組合員に誇りをもって語りついでいる。

最後に一番うまくいったのは日本起重機という会社だった。これは産別から「全金のほうが御用組合(その当時は全金は産別と比較してそういう評価を受けていた)に近いから」ということで、加盟をしてきたばっかりの組合だった。ところが会社更生法になった。

そのうえ、常務か専務か会社の重要な人が、不渡り手形をだしたことで自殺をしてしまった。それでケチョンとしているところにぼくが乗り込んでいった。そして会社の偉い人が死んでも団結すれば大丈夫だということを、今までの更生法下のたたかいの実例をあげて激励した。それで徹底的にたたかった結果、一人のクビ切りもださないで一時金もかちとり再建に見事に成功した。

一連の会社更生法のたたかいの締めくくりの戦果として、日本起重機の争議は大成功を収めて終わった。

後日談だが、七七春闘のころだと思うが、中里忠仁全金副委員長とわたしで春闘問題で会社に要請にいったとき、稲葉製造部長が、会社は仕事がないので賃上げはむずかしいという態度をしめした。そこでわたしは、「今から二十年前は会社の重役が自殺した。まだそれからみると余裕がある」と売り言葉に買い言葉をいった。

ところが交渉が終わって帰ろうとしたら、稲葉さんが声をかけてきた。「平沢さん二十年ぶりです。あの自殺と会社更生法の時の委員長はわたしでした。あのときは本当にお世話になりました」ということを聞いて、当時をまざまざと思いだした。

第一光学の失敗を経て、どちらかというと裁判所闘争に重点が移っていったようにみえるが、ここで忘れてはならないことのひとつは、組合的な立場における会社の経理分析をやったことだった。

これは、計理士とかそういう専門家の経理分析ではなく、たとえばぼくらの発想でいけば借金が多過ぎるから潰れなかったというような、実際の経済の仕組みを分析した（多額の借金をしていれば債権者がなんとか取り戻そうとして潰さないものだ）。資産と負債が同額であると潰れるが、負債が多ければ多いほど潰れる可能性が少なくなるということを、いろんな倒産事件を事例にして、一般の計理士や会計士と違った角度からの分析ができた。この点は、これからの倒産闘争での経理分析について役立つところが大きかったといえる。

ただ、更生法下で労働者と労働組合の権利は一定の成果があったが、しかし高砂鉄工の更生計画案をみても、担保債権者（ほとんどが独占金融資本）は全額返済、一般債権者（ほとんどが中小債権者）は半額切捨て、その上株券で二五％払うので、実質二五％の返済、それも一〇年々賦ということだった。

会社更生という美名のもとで、いかに中小下請が犠牲にされたか、そしていかに独占資本擁護・強化のための法律であるかが明白だった。

5　親会社による超過利潤搾取の構造

第二番目は、経済の二重化構造機構のなかでの使用者概念拡大のはしりのたたかいがある。わたしはその時期に中国へいったこともあって直接関係しなかったが、一九五六（昭31）年の東京亜鉛（五六年一一月〜五七年三月）の争議はその典型であった。川崎製鉄が東京亜鉛（現川鉄鋼板）を系列化におさめたとき、川崎製鉄は低賃金・無権利状態で「鉄鋼業界の近江絹糸」と悪名の高かった川鉄なみの労働協約、労働条件を組合に押しつけてきた。

それは従来の東京亜鉛と全金との協約を全面的に破棄し、「ストライキ禁止の川崎製鉄の労働協約に従え」という全金組織破壊を狙う攻撃だった。

そこで、全金は川崎製鉄に対する一三〇日間のたたかいを展開して敗北するわけだが、このころから次第に直接雇用する経営者だけではなく、背後の会社を追求する動きが労働争議にでてきた。

東京南部に光伸社という会社があったが、そこの会社はいまでいうパートタイマーのおばさん連中を集めて東芝の電気釜をつくっていた。

東芝は四九（昭24）年の大争議を経験していて、総同盟時代にぼくは民同組織（今でいう第二組合）の支援にいったことがあるが、これはすごい争議をやっていた。だから、東芝として従業員のクビ切りをやるというのは大変なことだと身にしみて知っていた。

東芝としては一定の生産をすれば打ち切るような危険率の高い仕事は中小企業に発注して、その製品が売れなくなれば仕事をださなければいいと考えていた。仕事を止めるとどこで争議が起こるかといえば、下請けの中小企業で起こることはわかりきったことだった。事実、東芝が光伸社の仕事を打ち切ったとき、人員整理の問題がでてきた。

クビ切り合理化問題が現実に起こって、婦人たちは労働法も何も知らなかったが、東芝がクビ切り合理化を押しつけていることは知っていた。そこで、東芝社長の石坂泰三のところへではなく、婦人労働者ということで東芝社長の奥さんのところへ押しかけた。これがきっかけとなって争議が解決した。

まさに、現在の東京総行動で独占におしかけ、背後資本を追求した使用者概念拡大のたたかいは、何も知らない婦人労働者の発想にその根源があることを知って、のちに労働者の無限の力におどろいたことがあった。

朝鮮戦争の特需を中心とした、いわば死の商人の恩恵によって国民の所得水準は上がった。それ以後、五〇億ドルもの利益を得た日本の主要産業の独占資本は、国民の消費財に対する関心に目をつけて、高度成長をはかっていこうとしていた。

そこで最初に手を伸ばしたのが、電気製品だった。日本の婦人方は、戦時中に工場に動員されることによって、ある程度機械だとか電気だとかに関心をもってきていた。

それから、特に都市の婦人は敗戦直後に焼野原で生活していたから薪がなかった。電気だけはどうにかほそぼそとあったので、電熱器を使用した経験があった。したがって当時の日立、東芝、松下などはまず国民消費財として三種の神器（電気掃除機・電気洗濯機・電気冷蔵庫）を中心とした電気製品の生産をはじめた。

全国金属のなかではラジオをつくっていたミタカ電機という会社があった。戦後われわれはラジオが一番欲しかったわけだが、この会社は「アリア」というラジオをつくっていた。かなり売れたらしい。

それが朝鮮戦争の末期ごろから、いつのまにか製品はアリアとまったく同じで、ネームだけが「東芝」というラジオをつくりはじめた。デパートへ行くと、アリアが四〇〇〇円で東芝が四五〇〇円、ただ色だけがちょっと違っていた。そのうちに東芝のラジオを多くつくりはじめ、やがて全部が東芝になってしまった。

こういう事態を東京西部でみていて、これはおかしなことだなと思っていた。

次にいまは群馬のソニーといわれるくらいに優良企業になった三共電機は、当初は自転車のライトをつくっていたが、時流に遅れてはならないと電気釜とか電気洗濯機をつくりはじめた。ところが、これもいつのまにか電気釜にはＮＥＣのネーム、電気洗濯機には富士電気のネームがついていた。

それで前橋のデパートにいって実際に調べてみると、三共電気の電気釜は三〇〇〇円でＮＥＣが三五〇〇円だった。もちろん、同じ労働者がつくった同じもので、ネームだけが違う。

そういう生産システムが全般的におこなわれるようになってきた。そうなるとたとえば、下請会社が五〇〇円で親会社に納めたものを、親会社は一五〇〇円で商店におろす。商店は卸（おろし）の倍の値段の三〇〇〇円ぐらいで売るわけだがそれはおくとして、親会社は五〇〇円の経費がかかったとしても一〇〇〇円は丸儲けの勘定になる。

ところが下請の労働者が経理の分析をやったばあい、親会社への売上げ金五〇〇円しかみえない。親会社が一〇〇〇円儲けていることはまったく計算のしようがない。そこで五〇〇円の中味を分析してみると、一五〇円は経費、一五〇円は材料費、一五〇円は人件費、そうすると儲けは五〇円。これではいくら会社とねばり強く交渉したって、五〇円分の回答しかでてこないことは当然ということになる。

そこで、これからの組合の幹部は経理に熟達していなければならない、貸借対照表の見方もよくわからなければならないという声が上がってきた。要するに五〇〇円の枠内での賃金闘争を繰り返すだけではどうしようもないことが分かってきた。

わたしは労働争議を通じて五〇〇円範囲内の支払い能力論をどう突破するかということ、経済学の用語で超過利潤搾取という下請企業だけをみているだけでは見えないところの経理分析の問題にようやく気がついてきた。光伸社の婦人労働者のたたかいが参考になったことはもちろんいうまでもなかった。

そうした企業を通じての超過利潤搾取は今日でも生きている。たとえば、トヨタ自動車が三〇〇〇億の利益を上げていても、下請企業のところでは利益が上がっていない。そこの労働組合がいくらがんばって貸借対照表や損益計算書や、その他の何を見て調べたって会社の利益は上がっていない。そもそも上がらないようなシステムになっている。

マルクスもそこまで気がついていたかどうか、労働者を搾取するんじゃなくて、企業対企業での搾取被搾取の関係ができあがっている。

朝鮮戦争のあと、本格的に日本資本主義が取り入れたこの体制が、使用者概念拡大闘争のはしりがでてくる経済的背景だった。

Ⅵ　新しい地方本部確立の闘争

1　全日本金属埼玉支部の陥落と全金埼玉地本の結成

三番目の組織拡大のたたかいについてだが、全国金属は一九五三（昭28）年に、産業別単一労組に切り替えられた。それまでは同じく全金といっても加盟単位は単組であり、かつ業種別連合あるいは企業別連合であったのを、この年からは、個人加盟で、中央本部、地方本部、支部という構成にあらため、日本の民間労組のなかでは数少ない産業別単一労働組合に編成変えをした。

そこで、東京地本から八代栄三君、業種別から滝貞雄さん（故人）、それにわたしの三人が中央に補強されたが、中央本部はどちらかというと、機関誌『全国金属』、調査月報、金属労働資料をだすとかという出版活動が主だった。調査部に川又博君（現全金社保部長）、教宣に田所貞男さん（総評高対連事務局次長）なども全金中央の書記となった。今までいた上条洋一君、山下芳夫君（現全金中執）とともにかなり書記局は充実した。

そのなかで、組織運動や争議はわたしが中心になった。なにしろまだ一三地本（東京・神奈川・栃木・山形・新潟・石川・静岡・愛知・大阪・兵庫・京都・愛媛・富山）の中央本部だったから、いよいよ各県評と協力して本格的に組織拡大に着手した。

最初に手がけたのは全日本金属（産別会議）の大手支部がある埼玉だった。このころ、全日本金属は崩壊状態にあった。あくまで産別会議にとどまり、産別会議を左翼労働運動の中心として残すという考え方と、そうではなくて総評に結集して、そのなかで勢力を拡大していこうという二つの意見が、かなり激しくたたかわされていた（当時、産別会議そのものも敗退につぐ敗退を重ね、敗戦直後の一五〇万以上の組合員が数万にまで激減していた）。そこで産別傘下の全日本金属と総評傘下の全国金属との合併問題が進展していたらしい。ところが、全日本金属の主流派は合併に反対の態度だった。

それにたいして埼玉支部では、埼玉だけでは四〇〇〇名くらいの組織なので、これでは闘争力に限界があるから、総評のなかで共にたたかうべきだという方向だった。しかも総評は軍事基地反対闘争や平和と民主主義のたたかいを押し進め、いまや政府批判の先頭に立っていた。共産党とは違うにしろ、やはりそういうなかで労働運動はたたかわれるべきだという意見だった。そこで埼玉の工作に入った。

よくいわれる全日本金属の埼玉支部と全金の組織とが合併して全国金属埼玉地本ができたということは歴史的には間違いで、実は全日本金属の最大の埼玉支部を全国金属でかなりせめ落とした結果だった。そのときに日産ディーゼルは全日本金属に残るといいながら中立から日産の組合にいった。

まず池貝鉄工川口支部を落とした。そして全金の組織をつくって積極的に働きかけると、富士重工も全金に加盟する方向を決めた。富士重工埼玉支部はじめ埼玉支部の主流は全金加盟賛成だった。ところが天田製作所を中心としている幾つかの組合は、産別の主流であるからどうしても全金には入らないという。そのときに中立の富士写真と東洋製鋼（いまの日本鋳鉄管）と、池貝鉄工の三つでかなりゆさぶりをかけた。

もしも全金と統一しないなら、いざというときには、「富士重工と一緒に全金の組織の旗上げをして、埼玉支部を真二つにしてやる」というと、向こうは折れて全金の地本に切り替った（五七年七月）。

それで肝心な埼玉支部が落ちたわけだから、それを契機にして急速に上の話が進んでついに全日本金属は組織統一をせざるを得なくなり、五八（昭33）年二月に全金組織との統一が実現された。

2　カルニュー光学の委員長クビ切りと長野地本

長野は一九五三（昭28）年には、オリンパスと前田鉄工と原電気、この三つの支部しかなかった。それで、いま全金の中執で長野地本書記長の伊藤巧君と県評の応援を得て、飯田あたりにも組織化の運動をした。

その伊藤君が二二～三歳でカルニュー光学（背後資本は島津製作所）の委員長になった、五五（昭30）年の初めごろ、カルニューで半年以上のストライキがつづいた。

全金中央の業対部長は滝さん（当時中央執行委員・故人）だったが、彼は企業出身でストライキ指導の経験が浅く、最終的にはどうにもならなくなった。地本のゼニはなくなるし、県評の応援といっても限度がある。そのとき、会社側は委員長のクビ切りを認めたら資金もだして全面的に解決するという方針をだしてきた。

しかし委員長のクビ切りを、だれが認めさせるかということになった。そういうことはわたしがやるといって早速、飯田に向かった。

現地では、国鉄出身の組織部長か何かをしていた岡田幸雄さん（現県評議長）、前田鉄工の委員長で地本の委員長だった渡辺久夫さん（現長野市会議員）もみんな集まってきていて、飯田は大騒動だった。

わたしはまず坂を上がったところに工場があるカルニュー光学支部にいった。そこにいく途中が砦みたいになっている。若い労働者に囲まれて、これもまた若い伊藤君が鉢巻をきりっとしてでてきて、「全金本部からきたそうだが、何の用だ」ぶっきらぼうに切りだした。

当時、わが全国金属は刀折れ矢尽きた状況で、だれかが委員長のクビ切りを認めるという鈴を組合に付けなければならなかった。いま長野の市会議員をやっている渡辺さんもその場にいたが、鈴を付けたのはぼくだった。それで争議は敗北のうちに終わった。

しかし争議には敗北したけれどもカルニュー光学はまだ全金に残っている。長野地本も全金の一級の地本で、支部数も二〇か三〇ある。

同じクビ切りを認めるのでも会社とぐるになって認めるのじゃなくて、精一杯たたかって力尽きて負けたというのが次の段階へのステップになったと思う。

八一(昭56)年の三月に長野の浅間温泉で高齢者の集会があって、かつての渡辺長野地本委員長が高齢者と市会議員を代表して挨拶をした。宴会になって、最初は、「平沢大書記長の隣に座るのは光栄至極だ」などといっていたが、そのうちお酒がまわりはじめると、だんだん話が変わってきて、「書記長」が「平沢」となり、ついに、「何でお前みたいなのが全金の書記長なんだ、お前みたいな書記長では先が見通せない」とか、さんざんなことをいわれた。

そこで思い出すと、伊藤君のクビを切ったのはぼくであることはたしかだが、それを頼みにきたのが渡辺君ということであれば、クビ切りの張本人は渡辺君ということになる。しかし、その後、伊藤君の面倒をずっとみたのも渡辺君で、今では伊藤君は渡辺君のことを自分のおやじと思っているらしい。

やはり労働運動というものは、その結果はどうであろうが本当に一緒になってたたかうことで、人間の温みを通して信頼感がでてくる。へんな取引をしないで、正直に協議して最大限の努力をすることが大事だと思う。

3　小島鉄工争議の教条的戦術とその敗北

群馬では一九五六（昭31）年の高崎金属のクビ切りのとき、全金に入っていた古河鉱業の高崎工場を拠点としてオルグにいった。中立組合だった高崎金属に入り込んで争議をやった。結果としては敗北したが、それをきっかけにして高崎金属共闘を組織し、そして小島鉄工を全金に入れた。それから伊勢崎に足を伸ばして、一〇〇〇人近くの三共電機の工場と、明星電機、久保田兄弟鉄工の組合を全金に入れた。

そういう形で群馬地本をつくりはじめたが、そうすると案の定、五八（昭33）年ごろ小島鉄工で争議がおきた。臨時工のクビ切りの問題でストライキに入ったと全金に連絡があって、高崎にいってみたところがひどいストライキをやっている。

指導しているのは、日本共産党のいま書記局次長をやっている金子満弘さんと、亡くなった前の県評議長の長沼さんだった。

非組合員を外に追いだしてピケを張っているから、「こんなストライキをやったら、立入り禁止の仮処分がでるぞ」といっても、二人は、「全金はなにをいうか、そうなったら、塀を乗り越えてたたかえばいい」という。

当時金子氏は地区委員長であり、長沼氏は群馬県評組織部長だった。「仮処分は、そんななまやさしいものではないぞ」といっても、お二人ともまったく意に介さない。そこで現地にいる社会党の武藤運十郎弁護士（前衆議院議員）を通じて「いずれにせよ裁判所に上申書だけはだしておくように」といった。

この時に痛感したのはたとえ指導があやまっていて、どんなひどいでたらめな争議をやっていても、組合員が一生懸命たたかっている以上、それをただちに「やめろ」とは決めつけられないということだった。

いずれ、「こういうことでは挑発にのることになる。つづけると自分たちで自分たちの首をしめる結果になる」という説得をしないと、引くに引けず泥沼にはまりこんでいってしまうが、その助言の潮時が実に難しい。たたかって頭に血がのぼっているから、助言の時を間違えると逆効果になってしまうばあいも考えられた。

この時には立入禁止の仮処分がでればこちらは決定的に不利な状態になるから、もし戦術を変えないのならば裁判所に上申書をだし、立入禁止仮処分の申請がでても、「一方的に仮処分をおろすな」「組合の意見をきけ」といっておくことは最少限必要な争議の常道だった。

自分で書けばよかったが、二人は武藤先生にだしておくといったにもかかわらずとうとう上申書をださなかった。そうして、案の定「妨害排除の仮処分」の高崎支部の決定がでて、執行吏がきた。そして警察官の介入をまねき、組合員三人が逮捕された。

旬法法律事務所に頼んだら、久保田昭男先生と小谷野先生がきて、「正当な争議に警察官は介入してはならない」というヘンテコな仮処分の申請をおこなったが、時おそくの感はぬぐい切れなかったが一応の反撃にはなった。

普通このばあいは、県とか国を相手にするのだが、かなり裁判官に抗議したので、被申請人を高崎警察署にしたところ、裁判所は受理して警察署に送達をしてしまった。警察署長は目を白黒させたそうだと聞いている。

また群馬の労働者と指導部は、恐いもの知らずで仮処分決定がでたというので、裁判官の自宅と高崎支部をビラだらけにした。

それで、裁判官にわたしは、「裁判官は会社のいいなりになって妨害排除の仮処分をだしているじゃないか。だいたいこういう労働争議については、組合の意見を聞かないで一方的に決定するなんてことは東京では通用しない。いっぱい飲まされているんだろう」と、そのくらいのことをいった。

製品出荷の決定もでて会社側は関八州の暴力団を集めた。こちらも威勢のいい奴が多く高崎はもちろん群馬県下の連中を全部かりだして決戦態勢になったが、正に大事件が起きる直前に団交がおこなわれ、わたしと副社長とのトップ会談で臨時工のクビ切りは無条件に撤回させることで一応の解決をみた。

金の問題について、わたしは、「ストライキが長いから、ストライキ中の賃金は全部とらなきゃいかん」と主張したが、県評、共産党やそのまわりの指導は、「われわれは原則的な問題だけでやるべきだ」ということだった。

とにかく両方とも血の雨が降ることを覚悟した直後の緊迫した雰囲気のなかでの交渉だから、「金の問題」ということに限定すれば多少冷静にもなれるが、「金の問題なんかどうでもいい」ということだと、とても収拾がつかなかった。

金の問題については後日に協議するという文書をかわした。だから臨時工のクビ切りは撤回させたものの、何のために組合員が臨時工のためにストライキをやったかという問題になった。組合員は、結果的には金だけ損することになった。そこで今度は、会社側が金で釣って第二組合をつくらせ、せっかく全金に入った小島鉄工の組織は破壊された。

この争議の敗北後、伊勢崎の久保田兄弟鉄工の争議では、第二組合をつくられてロックアウトされた。そのときは群馬の赤軍事件のときに裁判長をやった水野裁判官に上申書をだして、「一方的な仮処分を下ろさないでくれ」と頼んだら、「高崎支部みたいなことはしない。組合の言い分も十分に聞きます」ということで仮処分は下さなかった。警察の介入があって二、三人ぱくられたが労資の痛み分けということになった。

この争議では支部の加藤書記長の逮捕がおこなわれたが、それの抗議はかなり工夫した。警察に、「組合員を総動員するぞ」といっておいて、写真機をちゃんと用意して女の子をわーっといかせたら、刑事が何を勘ちがいしたのか警察署のカウンターを乗り越えて殴りかかる格好になった。ところがご婦人だけの抗議だから、そこをばんばんカメラに撮っておいて、あとで、「警察の態度は何事だ」といいにいった。痛み分けになったのは、そういういやらしい戦術を使ったからかもしれない。

4　明星電機争議の大勝利と群馬地本の確立

明星電機の争議の前に小島鉄工、久保田鉄工支部などで激しいたたかいが展開されたが、ふたつの争議が敗北または後退の結果に終わっただけに、明星電機争議は群馬県下の全金組織確立のための天王山のたたかいであった。

明星電機の労働組合は一九五八（昭33）年に全金に加盟した。全金派の連中は非常にまじめではあったが、組合執行部としての責任感という点ではのんきなもので、気にくわないことがあると簡単に辞表をだすような傾向があった。

五九（昭34）年の一時金闘争中の終結時に、小さないざこざがあって全金派執行部が辞表をたたきつけた。内心はいずれ自分以外にやる者はいなかろうと思っていたというが、果して慰留されたのでもう一度つっぱねた。組合としては他に候補者を物色しなければならなくなり、ここで体制に若干のゆるみがでた。

このすきをねらって会社派の人間が執行部についた。そして全金の指示、新聞、資料などを一切ストップさせ、そのうえで全金脱退工作をやったが、六〇（昭35）年三月に全金を支持する勢力が盛り返して執行部が形成されると、会社派は第二組合を結成した。

春闘時に会社はプロポスト人事考課、つまり横文字でおどかしているがポストによって賃金を決める方法（職階職務給のようなもの）を従来より大幅に拡大して組合員を分断し、第二組合を育成しようとした。

この問題を契機にして、こちらは反撃体制に入ったが、同時に会社は、「全金は生産性向上運動に反対している。第二組合は同盟に加盟した。同盟は生産性向上に賛成している。生産性向上がいやな労働者の賃金に差をつけるのは当然だ。だれが考えてもあたりまえだ」という、攻撃をかけてきた。

生産性向上運動は五五（昭30）年ごろからはじまっていたが、明星電機で表面化したような事件は、全金各支部でもかなり発生していた。しかし生産性向上運動の本質がまだ労働者にほとんど理解されていなかった。その盲点をついて、会社は全金が生産そのものに反対しているかのような巧妙な宣伝をふりまいた。また、「生産性向上に反対している全金本部、地本とは団交しない。支部とだけ団交する」という産業別組合と支部との関係を切断する態度をとった。

この会社の攻撃の下で、まじめな労働者も第二組合に走り、春闘中のストライキ闘争のなかで第二組合の勢力は急速に伸びた。五月には、全金支部三二〇名にたいして第二組合は一三〇名となり、臨時工四〇〇人が第二組合と行動をともにするという配置になった。

ただこの闘争で非常に有利だったのは、安保闘争と並行していたことだ。安保闘争は、四月ごろから急速に盛り上がってきていた。群馬県でも社会党、共産党を中心に民主主義擁護同盟が組織され、大衆行動とデモが毎晩のようにおこなわれた。このデモが明星電気のそばでやられた。

明星の会社側と第二組合は、三〇〇名の第一組合の工場占拠にたいして、「八〇〇名で工場奪還をしかける。流血の惨事をおこしても工場を奪還する」と口では脅していたが、しかし団体交渉の休憩時間にパッとテレビをつけると、デモのさかんな様子が映っている。そこで、団交の席上で、「やれるものならやってみろ、群馬のお巡りはみんな東京にいっているぞ」というと会社側は頭を下げてしまうという状況だった。

また、群馬の労働者がデモで東京にいくとかならず銀座にある本社にもデモをかけた。それが毎日のようにつづいた。

五月の中旬には前橋地裁に「団交応諾の仮処分」を提訴したが、安保新条約の強行裁決（五月一九日）でより一層わきかえる世論に支えられる格好で、明星支部も全面ストに突入した。

この結果、六月六日の団交で、第二組合の協定した「プロポスト人事考課」の全面破棄を勝ちとり、こちらの協定を第二組合に受け入れさせ、ストライキ中の賃金も全額獲得することができた。

なおこの争議の過程で、全金の生産性向上運動反対という方針を会社が悪用し、これを歪曲して組合への分裂攻撃に使ったことについて、群馬地労委に「不当労働行為」の申立てをしていたが、同地労委は、「全国金属の綱領、規約、運動方針を批判するのは不当労働行為であるから、謝罪文を掲示せよ」という命令を下した。

これは、生産性向上運動問題で、はじめての不当労働行為命令だった。この争議の結果、臨時工の本工化と組合加入を実現させて全金組合員は六〇年の一二月には八〇〇名までにその人員を増やした。第二組合は六五（昭40）年ごろまで少数で存在したが、ついに全金に統一された。先頃、明星電機支部の小此木（おこのぎ）委員長が全金にきて、「あの当時を知っている組合員は少なくなった。当時は平沢さんは神様みたいだった」とおだてられ、当時をなつかしんだ。群馬の拠点として最大の明星電機で完全に勝利を収めたことによって、群馬地本は盤石の体制ができあがった。

5　ハッピーミシン争議の日和見戦術と山形地本の衰退

東北には山形地本しかなかった。山形地本は山形市内のハッピーミシンというかなり大きな会社の組合を中心として、二〇〇〇人近くの組織ができていた。ところが、そのハッピーミシンが一九五六（昭31）年の春闘のときロックアウト攻撃を受けた。

当時、ロックアウトへのたたかいは、まず工場を占拠すべきだという方針をとっていた。資本のほうはそれにたいして、裁判所を使って「妨害排除の仮処分」だとか「立入禁止の仮処分」といった戦術にでてきた。そこでこちらは、「不当労働行為の申立」や「裁判所への上申書」などで対抗しながら、工場占拠をつづけた。どうしても仮処分決定がでそうな時は、裁判所と交渉して最少限度、組合事務所とか集会所を確保するかたちで、事実上「立入禁止」を引き延ばしながら争議の解決をはかるという戦術をとった。

ところが、現地にいってみると、ロックアウトをやられて、組合員が全員工場を追いだされている。しかも組合事務所が外にあったために、五〇〇人以上の組合員を統轄するのがなかなかうまくいかなかった。私の到着した時は労働会館に集っていたが、毎日集会地を変えたりしなければならなかった。

そのときに、いま山形県評の事務局次長をやっている鈴木繁君が、山形地本の書記長をやっていたのでいろいろと相談をした。「何といっても組合員を結集させる場所がないことが最大のこちらの弱点だ」ということになって、その場所を確保するためには、工場を逆にこちらが占拠しないとだめなんじゃないか、ロックアウトをこのまま認めておくのは敗北につながるんではないかということになった。

ところが、ロックアウトの最中に工場に入り込むとなると、どうしても実力で塀や門をぶち破らなければならないという問題がでてきた。そうすると日本のばあいの労働組合は企業別組合だから組合の幹部や企業籍のある人間が、そのような行動をとればへたをすると解雇問題や刑事事件にも発展する可能性があった。

しかし、たいしたロックアウトではないから、ちょっとした杭なんかをはずして、あとはなだれ込んで工場を占拠してしまえば、こちらの勝ちじゃないかという考え方で、執行委員会を開いた。

そこでそれをやるのを誰にするか、だれが猫に鈴をつけるかということになると、東京からきている平沢と企業籍がない鈴木の二人が適任である、二人にまず塀をぶちこわす仕事をやらせようじゃないかということになった。

はじめからそういう腹を決めて執行委員会にのぞんでいたから、最終的にそういう結論がでても、驚くことはなかったし、それ以外に組合員の窮地を切り抜ける方策もたたなかった。しかも第二組合の動きも活発になってきているという情勢だった。

わたしと鈴木君は起訴されるのを覚悟で、いよいよ実行というどたんばで、いま山形労災の専務理事をやっている、当時ハッピー委員長の小林明君(中央執行委員もやっていた)が、反対をした。「そういうような極左冒険主義的なやり方はだめだ。刑事弾圧の口実を与えるようなものだ」という。

わたしは、「そんなことをいまさらいっても、多数はこの方針を認めているし、支部は刑事責任をまぬがれることまでちゃんと計算に入っている。だいたいおれは全金本部の指導できているんだ」といったが、彼は、「お前は青婦対策部長で常任書記だが、おれは全金の中執だ。オルグはだまれ」と、そこで大激論になって相当長い時間にわたって話し合ったが、ついにその強硬手段は断念せざるをえなかった。

工場の外でたたかわざるをえず、残念ながら第二組合ができて最終的にはハッピーミシンの争議は大敗北を喫した。「むこう三年間はストライキをやらない」という争議禁止協定を押しつけられて、しかも第二組合は圧倒的多数派となり、こちらは一〇〇人足らずという情勢に追い込まれた。

何といっても東北一番の拠点支部であった山形が崩壊したことは残念だった。その敗北は現在にまで尾を引いている。

わたしは怒って山形のハッピーミシンから引き上げたが、その帰途に宮城に民間共闘が旧総同盟の関係であったので立ち寄った。そこに民間労連の書記をやっている阿部梅吉君がいた。彼が五三（昭28）年ごろ、社会党の青年部の副部長として東京の板橋にいたころ住宅の面倒をみたりした間柄だった。

当時総評は、高野実（全金出身）と岩井章（国労企画部長）の対立で事務局長選（五五・昭30年）がおこなわれた結果、岩井さんが僅少の差で勝った。岩井さんは、徹底的に全金の組織をやっつけて全国一般をつくれという方針をだした。ところが、上がいくらそういう方針でも、全国金属は旧総同盟の強みがあるから、各県評は裏で全金の面倒をみてくれた。そうした人間関係を全金はもっていた。

宮城にいって彼を通じて民間共闘との連絡がとれて、なんとか全金組織化の協力をお願いできた。それがきっかけで東洋刃物が大阪との関係で全金に加盟し、民間共闘も全金加盟の立場をうちだして宮城に全金の組合ができた。やはり、人と人とのつながりが大事であることを感じた。

ハッピーは敗北に終わったが、宮城で全金の組織化の展望がでたことはひとつの成果だった。

6　ハッピーミシン争議の教訓と山形電鋼争議での工場雪崩込み

その後、山形ではハッピーの次に大きなハッピー系統の組織として山形電鋼という三〇〇名くらいの支部があった。

そこでハッピーの教訓を十分に生かしたたたかいをした。一九五八（昭33）年の四月ごろ、ハッピーと同じ手で会社がロックアウトを強行した。ここがやられてしまえば、山形地本は潰滅してしまう。わたしはすぐ山形にとび、ハッピーとちがって議論の前に間髪を容れずバリケードをぶち壊して工場を占拠した。

わたしがバリケードを壊すと、あとはうしろからついてきた組合員がざーっと工場になだれ込んだ。思い切ってやったそのときには犠牲者はゼロで、へっぴり腰でやるとあとに弾圧がくることを体験した。

こちらがなだれ込んだものだから、会社側はみんな逃げた。しかし、このときが危ない。わたしの労働争議戦術は、必ずこっちの正当性をつくることを基本にしている。その点が、新左翼のオルグと違うところだと思っているが、そこでどういう正当性を考えたかというと、むろん現地には弁護士はいなかった。

そこでわたしが考えたのは、会社側の人間はみないなくなって、団体交渉するにも相手はいないわけだが、そこで守衛に団体交渉の申入れをした。そうすると守衛は、「社長もだれもいない」というので、山形県地方労働委員会には、「会社は団体交渉を拒否した」ということで不当労働行為の申立てをおこなった。

そして新聞記者を集めて会社の不当労働行為を訴えた。内容は、「守衛を通じて団体交渉申入れをしたが、会社役員はどこにいってるかわからず明らかに団交を拒否している」ということだった。これは労働組合法第七条二号で、不当労働行為であることは間違いないことだった。

現地の新聞はこういう争議は珍しいものだから、「組合側、会社の不当行為を提訴」とはなばなしく掲載した。当然立入り禁止の仮処分がくることは明白なので、新聞記事を切り抜いて裁判所へ上申書を書いた。

上申にいくのも、小人数では意味がないというので、組合員と地域の連中を三〇〇名くらい動員して、裁判所へ押しかけた。やっぱり新聞記者があとからついてきていた。

そして裁判所に対して、「われわれは賃金、労働条件で必死になって要求しているのにもかかわらず、会社側は団体交渉を拒否している。それで、山形県地方労働委員会に申立てしている。このように会社はみずから不当労働行為を犯しているのに、それを棚に上げて『立入り禁止の仮処分』だとか、あるいは『妨害排除の仮処分』の申請をおこなっている。裁判所は組合側の意見をよくきき慎重審議の上、口答弁論の開催を要求する」という文書をだした。

当時大高根事件という軍事基地反対闘争がおこなわれていて、前に代議士をやっていた安宅先生が県評議長で起訴されていたと思うが、その関係で自治労にいた鈴木紀男弁護士（故人）が山形にきていたので、鈴木先生にお願いして裁判所工作をおこなった結果、裁判所は口頭弁論をひらいた。

その口頭弁論を要求した背景には、ハッピー以前に芋川というところで、上申書をださなかったので立入り禁止の仮処分が一発ででたところがあった。ところが、会社内に通っていた県道まで立入禁止をしたことがあった。

そこの会社は、軍事工場の名残（なごり）があって、農道や県道があっても平気で工場をつくっていた。工場のなかに農道だとか県道が通っていて、一般の通行人が通っていた。かつて山形地裁は仮処分で県道をとめる仮処分をだしたことや、組合側の不当労働行為申立て、会社側のトンズラなど世論は組合側にあったので地裁は口答弁論をすることになった。

実際は組合側はかなり強引な争議戦術を駆使した。工場占拠についても、会社側がみんないなくなっているので、ドロボウが入ると困るということ、組合が工場を守っているという主張だった。第二組合がないだけにこっちは強かった。刑事弾圧がなくて、口頭弁論をチンタラ、チンタラやっていくことになった。

ただそのときにひとつ事件が起こった。四月からの工場占拠の闘争が長引いて七月になっても向こうはまったく顔をみせない。裁判所もチンタラやっているなかで、県評（当時県評事務局長は全金出身で社会党の代議士をしている渡辺三郎先生）が全金への全面的な支援を決定した。

その県評大会に出席するために現地へいって、夜に組合員と一緒になってみると、そのときの空気がちょっとおかしいなという気がした。組合員の顔を見たり、話の内容を聞いていると、この組合がいまどういうところにあるかというのが勘でわかる。

県評大会では加藤委員長が滔々と挨拶をし、わたしも「全金が大変お世話になっています」ということをのべた。その県評大会が終わったあとに、委員長は県評事務局長とわたしに、「実は一昨日の晩に、賃上げはしないで結構だという協定を会社と結んだ」といって、その協定書をみせた。

わたしはその場で、「そんなベラボウなことがあるか、それは許せない」といい、事務局長にも、「こんなみっともないことでは、全金出身の事務局長として辞表をださざるを得なくなる」といった。

そしてその晩すぐに若い連中を総動員して組合員を集めて、「協定書は認めない」という方針を確認して、直ちに行動を開始した。ついに協定を破棄し、全金大会のある十月（五八・昭33年）までに、だいたい組合の言い分で争議は解決した。

六〇（昭35）年、六一（昭36）年には、その勝利に力をえて、まったくの少数派であるにもかかわらず、以前に敗北を喫したハッピーミシンでストライキに入った。このときには、二〇〇人くらいを県評で動員した。安保闘争のうねりがあるから、第二組合員を全部外に追い出すストライキだった。

そういうたたかいも展開したが、結果的には山形のばあい、いま山形電鋼と少数の支部で、東北最小の地本になっている。そのことは、何といっても拠点であったハッピーミシンを潰滅的にやられたことに起因していると思う。

7　東北機械の殴打事件と委員長の就職先

秋田は一九五九（昭34）年に単独で全国金属に加盟してきた三菱直系の東北機械が拠点になっていたが、そこも、安保直後の六一（昭36）年に組織的危機がきた。

委員長が共産党員で副委員長が社会党員、あとは無色透明だったが、原水禁問題が絡んでこの二人がけんかばかりしている。たまたまフイゴ祭りのとき、酒の席で委員長が副委員長をぶん殴り、副委員長が労務課長のところに相談にいったら「告訴しろ」ということで委員長は告訴され、罰金刑五〇〇〇円に処せられた。委員長は辞任したが、これが新聞にデカデカとのせられた。

それで委員長に交替したのが、当時は無色透明でいまは社会党系で労災のほうにいっている加藤信一さんだった。彼が前委員長のクビ切りについて、どう対応したらよいかを相談にきた。

就業規則でいくと当然懲戒解雇になる。だから会社は、「就業規則違反でクビを切っても不当労働行為にならない」といっているという。

それで何とかして不当労働行為をかけようと思って、現地にいっていままでの会社の処分状況を過去からずっと調べた。罰金刑五〇〇〇円以上で解雇になっていない奴がいればいいわけだが、たまたま窃盗罪で懲役刑を受けて執行猶予になった従業員がいて、その処分はいったんやめさせて再雇用しているケースだった。それで新聞社にいったりして、当時の記録を全部集めてきて、不当労働行為をかけた。

そのころは、弁護士の先生に金をだして現地へいってもらうことなど、とても全金としては許されない状況だった。しかし労働委員会だけは支部が金をだして現地の先生にいってもらったと思う。

労働委員会から審問の過程で和解をする意志があるかどうかの打診があった。そこで、和解に応ずべきだということで、わたしが中心になって前委員長とも話し合って和解の条件を決めた。

和解条件は、「会社への復職は主張しない。そのかわり就職の面倒を会社はかならずする。その条件は現在の労働条件を下廻らない。未払いの賃金を全額払って、退職金は会社の都合による退職として払う」という案だった。つまり、再就職先はいままでの賃金にプラスアルファをした賃金、それと六ヵ月くらいもめているからその間の賃金が浮いているので、それも払えという条件をだした。会社はもちろん拒否してきた。

労働委員会で審問をつづけているうちに、いろんなことができた。たとえば、副委員長が何で殴られて労務課長のところへいったのか、そういうことを黙っていたわけだが、ぼくが陸運局に行ってタクシーを調べればタクシーには運転日記があるからといったら、それに引っかかって全部ドロを吐いた。向こうは弁護士の先生がいるが、労働委員会では向こうが不利で東北機械の専務の松本さん（現会長）と交渉して和解条件をのませることに成功した。

ところが共産党員というのはおかしなところがあって、「こちらのいう案のとおりになった」と連絡したら、「結構なことだ」というかわりに「それに反対だ」という。

再就職先で運転免許証まで取らせるという好条件で、反対する理由は何もないはずなのに、ただ一点、東北機械の関連会社だから反対だという。ところが会社が就職を保証するといったって、関連会社以外に考えられるわけがないことは、はじめからわかりきっている。

結局、彼は「三時間くらい余裕をくれ」といって共産党の地区委員会へでかけていって、それで電話で「オーケー」だといってきた。両方に文句をいわせないように協定書をきちんとつくって、最終的には労働委員会による和解ということにしてこの問題は結着がついた。

実は東北機械の組合は、委員長だった彼の反対派で執行部を握っていたから、彼のクビ切りを会社側の不当労働行為なんかにしたくなかった。

三〇〇人か四〇〇人の組織で、本部から人がくればいっぱい飲まさなければならないし、弁護士を雇えばその金だって大変だと、ぶつぶつぶつぶついっていた。ところが前委員長は当時の金で五～六〇〇万円の、家が建つ退職金をもらった。

そうすると、刑事事件をおこしても全国金属に入っていれば絶対大丈夫だということになる。

会社側もそれ以後選挙違反で起訴されて懲役になった人もいるが、それでもクビを切れなくなった。拠点支部におけるたたかいの勝敗がいかに決定的な意味をもつかがわかった。これは非常に大事なことだ。

秋田はいま一七支部あって、全金で一番の戦闘力を持っている。八一（昭56）年、八二（昭57）年の春闘でも最大のストライキをやった超一級の地方本部になっている。

しかし残念ながら前にいった山形のばあいは、山形電鋼、最近では須黒先生が行って閉鎖された工場を建て直した利根産業だとか、たしかに激しい闘争をやったが、ハッピーという拠点で敗北したという厳しい現実が今日まで尾をひいている。

Ⅶ　六〇年安保と首都東京の争議

1　首都東京での争議の背景

朝鮮戦争で日本独占資本はかなり利益を得たので、日本の経済活動は拡大して新設工場も増えていった。

朝鮮戦争後の不況のなかで大変な合理化攻撃を受けたにもかかわらず、雇用労働者数、組織労働者数をみても、その数は確実に増えていった。労働者がクビを切られそうだから、労働組合をつくってそれに対抗する、そういうことで組織労働者が増えていった。

一九五八〔昭33〕年の警職法反対闘争では、自民党の圧倒的な力のもとで、「オイコラ」警察の警職法を廃案にするような、非常に強いエネルギーが労働者にあった。

神武景気（五六〔昭31〕年）になり、途端にまた不況のなべ底景気（五八〔昭33〕年）が起こり、その次には岩戸景気（五九〔昭34〕年）になった。立ち直ったようにみえる日本経済も、まだまだその振幅は激しかったわけだが、そういうなかで相変わらず全国津々浦々でクビ切り合理化反対闘争がおこなわれていった。

金属産業は製造工業のなかで重要な地位にあるから、いかに総評の指導部が全国一般への加盟を打ちだしても、やはり金属労働者は全国金属のもとに結集してきていた。全金の運動は盛り上がりつつあった。

ただ、総同盟全国金属が五一（昭26）年に総評全国金属に変わったわけだから、古い組合――南千住製作所、興国鋼線、東京亜鉛――はかつてストライキを経験したことのない組合だった。ところが、そういう組合の労使双方が衝突すると、一ヵ月～二ヵ月あるいはそれ以上にわたるすさまじい争議に発展していった。

そういう前兆が五五（昭30）年ごろからでてきた。そして、安保闘争をひかえた五八年の夏から五九年にかけて、全国各地で工場閉鎖、クビ切りがでたときに、首都東京でも労働者の抵抗がおこなわれた。

たとえば総評では主婦と生活社におけるインテリ労働者、マスコミ労働者のたたかいの全面支援をおこなった。全金でも、田原製作所、成光電機で争議が起こった。わたしは成光電機に途中から中央本部オルグとして指導にのり込んだ。その周辺では映画館の人生座の争議、またタクシー会社のメトロ自動車の争議も長期にわたっておこなわれていた。

五八年の不況（なべ底景気）も後半から回復しはじめ、岩戸景気へとつながっていくが、それがただちに中小企業にまで及んだわけではなかった。きびしい合理化攻撃のもと、中小企業労組のたたかいも激しくならざるをえなかった。

そのたたかい方はどうだったのかというと労働組合を中心として、革新政党である社会党や共産党、それから共産党を抜けた全学連の連中がもぐり込んできたりして地域共闘が組織され、とにかく騒然とした争議だった。

2　成光電機争議と白昼の市街戦

露出計のメーカーでは日本一と折紙のついていた成光電機の組合員は、平均一八歳という若さだったが、一九五九（昭34）年春闘ストに端を発した争議を『一八歳の青春』というパンフレットにまとめ企業の横暴を訴えた。

それと時を同じくして、いままでストライキをやったことのない田原製作所も、賃金闘争でバリケードを築いて無期限のストライキに入った。

この二つのたたかいで会社側の主力となった弁護士は、日米自転車の争議のときひょろひょろとでてきた和田良一だった。成光電機の先頭に立った彼の戦術は「立入り禁止の仮処分」あるいは「製品搬出妨害排除の仮処分」申請だった。

成光電機のばあいは、製品搬出の執行吏保全の仮処分決定が八月の段階で下された。田原製作所のばあいは、組合のピケにたいして製品搬出および就労妨害排除の仮処分決定が下された。どちらも東京地裁の民事第一九部の決定だった。

仮処分執行にたいする反対闘争をやることは大変な問題だが、われわれ本部の書記局は、とにかく仮処分を認めるわけにはいかないという確認をし、あらゆる合法的な抵抗をすることにした。仮処分決定には、「会社の従業員が就業するのを組合員は口頭による説得以外の方法で妨害するな」と書いてあるから、口頭による説得は自由だというように解釈して、ピケットの強化をはかり執行にそなえた。

それにしても、労働争議をたたかうなかでは常に合法性ということを考えなければならない。労働基準法違反でも何でもいいから何か理由をでっち上げて裁判所にだしておいて、正当性をつくってからたたかいにいどむという態度が必要だ。

ところが成光電機の争議を実際に指揮している争議団は東京地本の連中なので、中央本部のオルグとしてはどうこうできないでいた。

そのとき、仮処分決定直後に会社側が妙なビラを大量に流した。「成光電機の労働者がいかに抵抗してもむだである。こちらは裁判所の仮処分決定を得ている。裁判所の決定に従わなければ、戦車でも大砲でももってきて、叩き殺しても大丈夫なのだ」という宣伝をした。たしかビラも残っているはずだ。

それを見たのですぐさま東京地本の杉本君（現東京地本常任）と一緒に東京地裁の民事第一九部にのり込んでいって、いま東京高裁長官をやっている大塚さんという裁判官に弁護士の立ち合いのもとに抗議した。

「仮処分の決定をだしたら人間が死ぬ」と、大上段に振りかぶっていった。大塚裁判官は、「仮処分で人間が死ぬなんて、そんなばかなことはない」と、いい返してきたが、「そんなばかなことはないといったって、現にこういうビラがあるじゃないか。抵抗すれば君らは殺されるかも知れないとはっきり書いてある。死んだら、おまえ責任とるか」といったら、「たしかにひどいビラだが、決定は信念をもってやった。人は絶対に死なない。死んだら断固責任を持つ」と答えた。

空気が大分険悪になったところで弁護士の先生が、「裁判官の前でそういう言葉を使うのは不穏当だ」と間に入った格好になって、その場はおさまった。しかし、裁判官もぎくっとしたらしく、若干の時間をおいて、ぼくらを呼びもどして、「相手側の弁護士を呼びますから」ということで、和田良一（経営法曹団の事務局長）がでてきた。

和田さんに、裁判所は団体交渉を斡旋しているが、「どうするんだ」といったら、「裁判所の指示にしたがって、これから会社に相談して、平沢さんのところに文書で返事をします」という。いずれにせよ団体交渉をやる方向で話し合いはまとまった。

そのときに、もっと具体的にきちんと話を詰めればよかったものを、こっちは素人だものだから、執行前にまず団体交渉をやる趣旨の確認がなされたと思った。裁判所でそういうことをやったのが、五九年八月一七日の夜だった。

話し合いが終わって成光に帰ったら、東京地本北部常任で現地担当の佐藤福正さん（彼が産別会議にいたころよくけんかをした仲で、なかなか立派な共産党員だった・故人）がいて、どちらからいいだすともなく、「今日は泊り込みをやめて、一杯飲もうじゃないか」ということになった。

相手がいつくるか、いつくるかということでそれまで緊張の連続だったが、もう今日、明日はこないだろうと安心して、二人でベロベロになるまで飲んだ。

他の幹部連中も団交の話がでたものだから帰ってしまい、泊り込みは少数だった。このたたかいに参加した現在の中央単産の幹部で記憶にあるのは、いま運輸労連中執の島田君（当時、全日通池袋分会）、統一懇の運輸一般の石沢書記長（当時、豊島区労連常任）、医労協の中執の塚越君（当時、全金三豊製作所）などだ。彼らは泊り込んでいたので成光の乱闘に参加している。

ところが、家にわたしが帰った明け方に電話がかかり、「いま執行吏がきたところだ」という。執行吏を先頭に会社側、第二組合員と暴力団と機動隊、合わせて二～三〇〇人がきたという。すっ飛んでいったら、もうやいやい、やいやいやっていた。泊まり込んでいた五、六〇人の連中は全員が屋根に上って、消火器をもって吹きかける態勢に入っているし、外にいる奴に向って石を投げる準備もできていた。

こういう事態を予想して会社全体を築城しておいたが、警察官が本気で実力で排除にきたら抵抗することはとうてい無理で、負けることはわかっていた。そこで、工場のなかの製品（露出計）を細い通路にならべて、ちょっとさわれば倒れて床に落ちて壊れるようにしておいた。

そうやっておいていざ合戦のときには、都会議員だとか代議士を呼んで話し合いにもち込み、強行手段をとれば露出計が全部壊れるということを盾にとって、交渉を有利に運ぶつもりだった。しかしもうそんな戦術はどうでもいい段階だった。まず、和田をさがしだして、「お前、約束を破るとは何だ」と詰め寄ったが、執行吏がでてきて、「あなたは妨害するんですか」と逆に詰め寄られた。

そのうち石がどんどん飛んできて、執行吏補佐が石に当たって血けむりをあげて倒れた。これじゃとてもだめだと思ったのか、赤穂浪士の討ち入りのときみたいに人夫と警官が門をたたき破って工場へ入ろうとした。

わたしはなかに入れず門の横にいたのでまったく指揮がとれないでいた。あとで聞くと、石は屋根の上からだけではなく、塀の下からもところかまわず外に投げていて、ぼくに当たらないと思っていたのはとんだ間違いだということがわかってゾーッとした。

成光電気の工場は、ウナギの寝床みたいな工場が三つに分かれていた。東上線の北池袋の駅から五〇メートルくらい細い道をいくと正門があり、一番うしろの工場が線路と接していた。組合側の応援がきて、うしろの線路から石を拾って工場に運び込み、石をどんどん投げるので武装していないお巡りさんのけが人が続出した。

すると今度は盾を持って完全装備ででてきた（後日、法務委員をやっていた神近市子代議士はそのことを追求した。盾をだしてきた最初のケースらしい）。そうした乱闘が朝の八時ごろからはじまって一〇時をすぎても終わらない。しかしすでに工場は警官隊に制圧され、東上線よりの食堂に

労組員、警官隊と乱闘

成光電機争議　12人を逮捕、数十人が負傷

警官隊ともみ合う成光電機労組員（豊島区池袋８ノ2343大下正也氏撮影）

声明は“圧力”でない

志免　組合が副所長に抗議

米政府内に“対立

核実験再開計

組合員と支援団体がたてこもっていた。そこが組合側の最後の決戦場だ。支援者は東上線から石をどんどん運びバリケードを強化した。

やがて池袋の警備課長がきて、「突っ込め」と先頭に立ったものだから、石は集中的に彼にぶつけられた。口にケガをし退却せざるをえなかった。小工場だが築城されているので警察側も簡単には手がつけられなかった。

それで、警視庁の警備や公安の連中が、「このままいったら大へんなことになる、死人がでる」といってきた。ぼくは、「大変とは何事だ。組合事務所までぶち壊す、そんな強制執行がどこにあるか。実は裁判長には死人がでるといって警告し、反省を求めてある。死人がでれば裁判長の責任だ。お前らの責任だ」と、ひらき直った。しかし、こちらとしてもこれ以上やっては大へんだと思って一応

話し合いに応じ、一一時ごろ休戦になった。

和田弁護士との団交の約束でまさか今日執行があると思わず、外の仕事の途中成光事件をききつけてやってきてやはり工場に入れないでいた佐藤君（のちに共同謀議でぱくられたが、裁判ではアリバイが成立して無罪）とわたしが、机をひとつ前において相手と交渉した。

周りをお巡りと暴力団がとり囲んだ。わが方の連中は、メチャメチャに壊された工場の食堂で石をつみあげて、いつでも会社・警官との対決ができる準備をしていた。

ちょうど今度の戦争の初期にシンガポールで山下将軍の軍門に下って白旗を掲げたパーシバル将軍——もちろんわれわれがパーシバルで向うが山下だが、「イエスかノー」かのそれだけを責めたてられた。暑い日だった。

ぼくは、三、四時間もがんばって、「組合事務所を壊したんだから、工場を退かせるためには、まずわれわれのいる場所をつくれ」といった。このときには、社会党の代議士（神近市子）もくるし、いま大田区で都議会議員をやっている大沢三郎さんもすっ飛んでくるということで、向うも多少軟化してきた。結局隅っこに組合事務所をつくることで話はまとまったが、数十人の負傷者と一二人の逮捕者がでた。その日の夕刊には写真入りで市街戦と大きくでている。

3　平均年齢一八歳に損害賠償請求

一九六〇（昭35）年の三月には、全員希望退職ということで成光の争議は敗北のうちに終結するわけだが、一つおもしろいのは損害賠償請求がでてきた。

成光電機の乱闘が終わってみると工場にあった露出計のほとんどが壊れて、向こうの言い分では五〇〇〇万円ぐらいの損害だという。市街戦をおこなったのち、会社側に組織は切り崩されて第二組合ができて、組合員が五〇人か六〇人になっているところに、和田良一弁護士は、その五〇〇〇万円の損害賠償を全金の地本・本部ではなくて支部に内容証明で要求してきた。

平均年齢一八歳の組合員にたいして一人一〇〇万円というのは大金だった。東京で家が一軒買えるだけの金額だった（今の貨幣価値で三～四〇〇〇万以上）。だから組合員はこんな請求は「アホらしい」と涼しい顔でまったく動揺しなかった。

ところがもし、一人一〇万円だとしたら全員が青くなったと思う。結局、平均年齢一八歳の連中からは取れないから、訴訟も起こさなかった。

最近、別の会社の争議で和田事務所は支部だけではなく、地本・本部を相手に損害賠償を打ってでてきている。

和田事務所の弁護士と偶然、空港であったときに、「全金をふくめて損害賠償をだしてもあまり意味はない。仮にそれを強行すれば、かえって下が決起するよ。今度は、当方からも損害賠償をだす」といったら、「そのうち相うちで解決しよう」といっていた。

もう一つ余談だが、いまの池袋のサンシャイン60、昔の巣鴨刑務所に成光電機の幹部がぱくられた。無罪になった佐藤君でも「共同謀議」ということで、二三日では釈放されないで八〇日くらい入っていた。巣鴨は戦後A級戦犯をアメリカ軍が収容していた（もちろんその他の戦犯もいた）ことで有名だが、五九（昭34）年当時でも米の弁当の差し入れを認めていなかった。A級戦犯には、アメリカの方針で洋食を食わせていたらしい。

まわりにある弁当屋としては、米の弁当の差し入れを認めてもらいたいわけだが、それに目を付けたのが成光担当の三浦久弁護士（現在、共産党代議士）だった。彼は成光の乱闘でわたしと二人逮捕される予定だった。

ところが、弁護士の逮捕は検察庁の許可がいるので逮捕されずに済んだ。その彼が、ここで米の弁当の差し入れを認めさせれば、かなりの口銭になるというわけで、まず組合員を連日のように動員して、米の差し入れを認めろと抗議活動をはじめた。そのうえで仮処分をだそうとした。しかし、依頼人側の弁当屋と契約をすぐすればよかったのに、契約金を引上げようと大物ぶっていたため、契約をしないうちに、差し入れがあっさり許可になったので、結果的には儲け損ねた。そのかわり三浦先生と一緒に弁当屋へいけば大モテだった。

それから、鹿児島地裁の飯守重任裁判官（故人）が、逮捕された連中の勾留裁判官だった。彼を中心とする刑事一四部は、拘留理由の開示公判の指揮がきわめて厳しく、わたしなど二、三度法廷からつまみだされたことがあった。ものすごい訴訟指揮で、久保田照夫弁護士なんかが、いくらがんばっても相手にしない。山花秀雄代議士と一緒にいっても会わない。

調べてみると、飯守裁判官は成光電機のすぐ近くの西武池袋線の椎名町に住んでいることがわかった。それで、田原の争議で大塚裁判官の自宅に押しかけてうまくやったようにやってやろうと思って、彼の自宅に押しかけることを考えた。

宣伝カーでいって、たしか絵描きの娘に、「こんな悪い裁判官は世の中に二人といない。賃金闘争をやっている若い労働者を片っぱしからぱくっていく。やつをだせ」といったら、彼がでてきた。ところが問答無用で一一〇番された。

これは状勢不利だと宣伝カーに飛び乗って逃げだすと、向うからサイレンを鳴らしてくるパトカーとすれちがった。

あんな悪い野郎はいないと話し合っていたが、その後に戦時中、中国で中国人民を多数弾圧・死刑にしたという飯守の自供調書が発表されて話題になった。そういうことで飯守追撃が盛んにやられたので、彼はますます反動化して、タカ派反動裁判官になっていったのではないだろうか。

こんなこともあった。六四（昭39）年に東京発動機の「仮差押え」をやったときに、今度はこっちの命令によって執行をやった執行吏が、成光電機のときの執行吏だった。

昼飯を一緒に食って、「今日は朝からどうもご苦労さまでした」といったら、「平沢さん、あなたのことはよく知っています。成光電機のときにはあなた方に石をぶつけられました。今日は大丈夫でしたね。わたしたちは商売で、敵にもなれば味方にもなるんです」ということだった。

4　田原製作所争議と塙さん「虐殺」

成光電機が話し合いで終わった晩に、明日の八月一九日（五九〔昭34〕年）は警視庁が田原製作所を攻めるという情報が佐竹さんから入った。やはり警察官に守られた会社側、第二組合員、暴力団のくることがわかっていたから動員態勢をとった。

しかし成光のように大量の組合員を警察に奪われるのを防ぎ、犠牲を最小限にくいとめるためにピケの配置の予行演習をくりかえした。また、警察や第二組合員、暴力団が殴りかかってきてもその挑発にのらないようにとくどいほど念がおされた。

仮処分にもとづく製品搬出と就労を強行しようとしてきた。それを組合が拒否したということで、お巡りがきてピケ隊と押しあいへしあいをやったが、警察が二手に分かれて突っ込んできて、スクラムを組んでいた組合員は、二〇メートルも押しまくられた。

そのとき塙治さんという方がその場で急病で亡くなった。あとで心臓麻痺で死んだことが明らかになるが、話というのは尾ひれがついてでかくなっていくから、警官隊に踏み殺されたという情報になって流れた。

わたしはあとの収拾のために成光電機に残っていてその連絡を受けた。成光でも数十人の負傷者と一二人の逮捕者がでて頭に血がのぼっているので、この決定をだしたのは大塚だということで、大塚裁判官のところに電話をかけた。さすがに驚いて、どうだこうだとぐにゃぐにゃいって電話を切った。

あの野郎どこにいるんだと調べたら平塚だというから、そのときに争議をやっていた人生座の連中と四人で、やはり争議をやっていたメトロタクシーに車を一台借りて平塚までぶっ飛ばした。あっちこっち探してうちが見つかったので、戸を開けて、「大塚裁判官いるか、人間が死んじゃったんだ」といったら、家族がびっくりして、「どうぞ」というので上がり込んでつめよった。

「おれのいった通りじゃないか。裁判所の決定にどんな権威があるにせよ、人間の生命は地球より重い、ということを知らないのか。あんたは絶対死なないといったのに死んじゃったじゃないか。争議というものがどんなものか知らないいんじゃないか。おれのいうことを聞いていれば人間が死なないですんだではないか」

どっちみち成光電機の乱闘で危うい身で、どうなろうとも覚悟はできているから顔面蒼白の大塚裁判長に激しくせまった。ところがジュースはでてくるし、きわめて丁重なあつかいだった。あの頃、ふつうの家にはあまりみかけなかったが、裁判長の家には電気冷蔵庫があって、ジュースの中に四角い氷が浮いていた。

じっと頭を下げていた大塚裁判長は、「まことに申し訳ない」といって、本来裁判官は一度だした命令を変更してはいけないのだが、目の前で田原製作所の会社側に電話をしてくれた。「こういう事態が起こったんだから、とにかく強行手段をとらないように」と直接の申し入れをしてくれた。

その夜、工場入口に祭壇がつくられ、追悼集会がひらかれた。工場内には「塙さんを虐殺した会社と警察を断じて許すな」とペンキで大きく書かれた。塙氏の死はラジオ・テレビで全国に報道された。

九月一八日にだされた組合の受諾した会社側の回答は、次のようなものだった。

一、塙さんの遺族に対して毎月一ヵ月給料を一〇年間支払う。
二、賃上げは四月に遡って特昇一二〇〇円、定昇四〇〇円とし、定昇の基準と方法は組合と協議する。
三、一時金は春四万五〇〇〇円、夏四万五〇〇〇円。
四、長期貸付金は総額五〇〇万円、返済は会社と上部団体で協議する。
五、懲戒解雇は撤回する。この他、協定とは別に争議解決資金一〇〇万円を支給する。

賃上げ配分問題で会社主張がくつがえり、幹部の解雇も撤回され、遺族の生活も見通しがたち、争議中に失った賃金も保証されたうえに、争議中の労金からの借入れをほぼ返済することができるという戦果であり、組合の勝利を意味していた。

5　全金の国会乱入と岸、ハガチーへの抗議文手渡し

安保直前は成光電機、田原製作所をはじめとする争議が首都圏で続発し、物情騒然たる状況になっていた。この勢いがずっともり上って一九六〇（昭35）年の安保闘争に結びついてくる。

その当時の労働者は、とにかくアメリカ軍が日本国土に駐留しているだけで憎らしかった。わたしも、組合幹部として闘争に参加したが、安保条約の条文など読んではいなかった。しかし、仮想敵国はソ連であり中国であったから、戦争になれば日本全体が沖縄と同じようにアメリカの前線基地になることは明確にわかっていた。

そうした背景をもって、安保闘争と争議活動とが密接に結びついた。その具体的なあらわれとして五九（昭34）年一一月二七日に国会への動員指令が下った。各地で争議が続出し、全国金属全体が盛り上っている時だけに、首相官邸前から国会にデモをかける組合員の闘志はすさまじかった。

溜池のところから首相官邸に向って上がっていく通りの左側半分は全国金属の部隊で、右側は全学連で占めた。行く手には鬼の第四機動隊がピケを張っていたが、それを突破するのは全学連より全金の部隊のほうがうまかった。装甲車に旗を立てて、そこを突破して国会に乱入したのは全金の部隊が最初だった。

総評の常任幹事が青くなって、「お前らは退け、退け」とどなりちらしたが、全金部隊はなかに入っていい気分になっていた。いまの全金からは想像もできないような力を発揮した。いい気分でうちに帰って、たまたまその日に初めて買ったテレビを、九時ごろニュースを見るためにパッとつけたら、飛びだしたのが全金本部の家宅捜索だった。

それですぐ本部へいったが女子事務員が二人だけいるところで、まだ捜索は続いていた。日商岩井や丸紅の航空機汚職のときなんか、トラック一杯の書類を警察にもっていかれたということだが、その時は関係のない書類は一枚たりとも渡さなかった。悪いことをしていないという気持が強いわけで、権力との闘争であるという姿勢がやはり大きな力になっていたと思う。

全国の労働者のエネルギーがひとつになり、五九年四月から二三次にわたる安保改定阻止の統一行動が展開されたが、六〇年一月二四日に国民の強い反対の声を無視して岸内閣は新条約を調印し、五月一九日には自然成立（六月一九日）を策して強行裁決をおこなった。

全国金属は五月一九日以後、闘争体制をいっそう強化し、東京地本をはじめとして連日の抗議行動をおこなった。六月一五日の機動隊による東大生・樺美智子さん虐殺という事態も加わり、一九日に条約が「自然成立」しても、たたかいはやむことなく続き、二二日には六二〇万人というかつてない大規模な統一抗議行動がおこなわれた。

こうした大闘争の展開にもかかわらず、安保改定は阻止できなかったが、闘争の成果は決して小さなものではなかった。予定されていたアイゼンハウアー米大統領の訪日は阻止され、岸内閣は退陣に追いこまれた。

安保闘争の思い出として特に残っているのは全金中央委員会で決議した政府ならびに米国ハガチーへの抗議文をわたしの手で直接、当時の岸首相、ハガチーに手渡したことだ。

岸首相にはたまたま埼玉一区選出の柏正男代議士とわたしで首相官邸に入ったところで、ばったりあって抗議文を手渡した。

ハガチーは、羽田に到着するというので、各単産の代表は羽田ロビーに集まって抗議することになっていた。わたしと金子健太さん（当時全金中執、共産党中央委員）と二人でロビーにいったところ、ロビーは赤尾敏の愛国党に占領されていた。そこにわたしたちと抗議団（といっても年寄りばかり）と民青、社青同約一〇〇名ほどが到着した。

そこで愛国党とトラブルがおこるが人数の少ないわたしたちはおされぎみだった。愛国党はわたしをめがけて砂袋をぶつけたので、わたしと赤尾敏がつかみあいの喧嘩になりそうになったがその寸前、蒲田警察があいだに入ってなだめた。

すると弁天橋のところに全金の赤旗がなびき、いまにも空港になだれ込む体制であった。これに勇気をえたわたしは、全金部隊一〇〇〇名のロビー動員を要請した。そして赤尾敏に、「お前らを追い払うぞ」とタンカをきった。全金の赤旗をもった約一〇〇〇名が、怒濤のようにロビーにむかってきた。さすがの赤尾も顔色が変わった。

その瞬間乗用車が、弁天橋に向って走ってゆく。すなわちハガチーであった。そして全金の次の部隊神奈川川崎・日本鋼管部隊にとめられた（このためハガチー事件で日本鋼管の組合員が起訴され、全金は助かる）。

全金の連中はハガチーの車を停めることができなかったので、その時はわたしに抗議した。しかし引返してハガチーの乗用車のまわりをとり囲んだ。

わたしと金子健太は、日本語で、「全金だ、この抗議文をうけとれ」とガラスをたたいた。ハガチーは車のマドをあげた。そこで全金の抗議文を差しだすと、うなずきながら受け取った。

岸とハガチーに全金の抗議文を直接手渡したことは、今日になっては大きな思い出である。

安保闘争をたたかった何よりも大きな成果は、戦後史上かつてない統一した大衆的政治活動の経験そのものであった。全金では五三（昭28）年に組織の単一化をやり遂げたが、実際には、五八（昭33）年の第八回大会運動方針のなかでも、産業別労働組合としての実態をそなえていないことが指摘されていた。

それが企業の枠をこえたこの安保闘争の経験を経て、六一年以降、賃金闘争も産業別統一闘争としての実態をそなえるまでに成長していった。

だが一方で、安保闘争の経験を経た経営者側もまた、主要産業である金属産業の労働運動をどう押えるかという長期の路線を画策しつつあった。

六〇年代は高度経済成長を支えるために、独占企業による系列の強化、金融資本による企業への支配がますます強まっていくが、そのなかで資本と労働との対立は新たな様相を呈していった。

Ⅷ　使用者概念拡大闘争の形成と展開

1　自己資本率の低下と闘争の変化

美濃部亮吉さんや木村禧八郎さん（故人）が全金の労働講座にきたときに、「企業の自己資本比率の取り方はいろいろあるが、一九五九（昭34）年では六〇％だったものが、六三（昭38）年には二五％前後と大きく落ち込んだ」という話を聞いた。

その後の数字はさらに下がっていって、六八（昭43）年には一七％、七八（昭53）年には一五％になったが、五九〜六三年のたった四年間での急激なこの変化は、企業自体の自主性が大きく失なわれてきていることを意味した。

五五（昭30）年に日本経済は、いわゆる高度成長の上昇気流にのるが、それは借金政策だった。六一（昭36）年には、金融引締めで景気は後退し金詰まりが深刻化した。全金関係でも、般若鉄工（富山）、東京堂鋼材（静岡）、不二越精機（神奈川）、大和電気（神奈川）などの倒産が各地で起こった。

また、借金で設備投資をどんどんやるから賃金よりも利息の支払いに迫られた。そこで資金力のある企業が関連企業を合併・吸収・下請化していった。そのために、目黒製作所（栃木）、福井彫刻（福井）、西宮鋼板（兵庫）などでは資本の再編のために合理化がすすめられ争議が起こった。

六〇年以降は、会社更生法で再建した日本バルブの第二次倒産のとき、親会社の中山製鋼と交渉して争議が解決されたことに象徴されるような事態が急速にすすんでいった。

すなわち、中小企業は①自主性がなくなる（独占資本の発言が強くなる）、②自己資本率の低下は借入金の増大となり、利子と償却費の増大となる、③労働争議・紛争が、会社と組合との関係からだけではなく背後の産業再編制や金融資本や独占の都合でおこるなどの、新しい労使の関係がでてきた。これらの点は非常に大事なところだと思う。

2　目黒製作所争議のバリケード戦術とピケ戦術

目黒製作所は資本金三億円、労働者数五〇〇人で、「めぐろ号」で全国に名をはせたオートバイを製造していた。栃木の烏山工場でミッションをつくり、東京の本社工場で組立てをおこなっていた。「白バイは目黒のオートバイでなければだめだ」といわれる優秀なメーカーだった。

二輪業界は自由化を前にして五〇年代後半から、膨大な設備投資と下請企業の系列化によって、激烈な競争がおこなわれていた。結局本田技研、鈴木自動車が、ぬきんでて目黒は完全に遅れをとった。そこで目黒の経営者は川崎航空機との提携でのりきろうとしたし、また川崎航空機はオートバイ業界に進出するために目黒の系列化は必要だった。

目黒の経営者は、その話に乗ったが、話が進む過程で目黒の組合である全国金属を何とかしなければ、川崎としては提携できないということになった。

目黒のほうはこれは大変だということで、おりから春闘で賃上げ要求でストをうっていた支部にたいして、東京本社工場と栃木の烏山工場でロックアウトを強行した（本社、烏山とも二月下旬）。会社は「立入り禁止と妨害排除」を裁判所にだしてくるわけだが、やはりその指導は成光、田原の会社側代理人をやった和田弁護士だった。

このころから共産党の指導が変わってきて、一九五九（昭34）年のころのようにピケを張って仮執行と対決するという考えではなく、むしろ挑発にのるなということが非常に強くいわれていた。

目黒製作所争議は、全金は三月賃上統一要求の方針であるが支部は従来の慣行から二月に賃上要求、ストライキに入った。会社側は東京・烏山で第二組合を結成し、第二組合員による就労を強行しようとした。これにたいして東京工場では支部でバリケードをつくってバリケードに頼ってそれを阻止するという安易な方針で対抗した。烏山はピケで対抗するという戦術の相違があった。

東京で採用した戦術はバリケード構築だから第二組合阻止は簡単だった。しかしこれでは和田弁護士の術策に落ち入り、三月に執行吏保管の妨害排除の仮処分が簡単に認定されてしまい、これの強制執行がおこなわれた。

みずからバリケードをつくる挑発をしていながら、この強制執行には抵抗しないで、挑発にのらずすんなりと肩すかしをしたと一定の評価を東京地本はおこなったが（この評価にはわたしは今でも納得していない）、第二組合の就労を認めることになってしまった。

そこでたたかいの主戦場が、東京から栃木烏山に移り、そのころからわたしはこのたたかいに直接かかわることになった。

烏山工場にも「立入り禁止または、妨害排除」はかならずくるだろうから、六一（昭36）年四月に自ら栃木の烏山にのり込んだ。県評の事務局長が、いま社会党の県会議員で全金本部の会計監査をやっている寺内良雄さんだったが、県評を動かすためには催眠術をかけなければならない。それで、「かならず敵は東京でやった『立入り禁止の仮処分』なり『妨害排除の仮処分』をかけてくるに違いない」ということを、もっともらしくしゃべった。

ところが、現地の弁護士は当時県会議員をしていて検事の経験がある稲葉誠一先生（現社会党代議士）だったが、貴公子といわれるような人で、労働争議をやったことがないらしい。労働者ともあまり話をしなかった。わたしが現地にいってから焼き鳥屋なんかに連れていって一緒にいっぱいやるものだから、県評なんかでびっくりするくらいだった。

県評でも仮処分がからむ労働争議の経験はなかった。そこで成光や田原の話をして、このような争議では人が死ぬこともあるんだ、と、それでそういうことがないようにという上申書を持っていくことにした。

そこでまず運動として県評常任幹事決定で、「一方的な仮処分決定をしてはならない」という趣旨の上申書をだす、社会党もだす、地区労、全金の支部、各労組・団体とじゃんじゃん上申書を裁判所に提出をし、この運動を通じて目黒争議を全県下のたたかいにひろげることにした。

東京工場では肩すかしをくわせたとはいっても、落城したのも同然だった。烏山工場は連日ピケで第二組合とけんかをして、就労させていないので工場は完全にストップしていた。第二組合員を一歩も工場のなかに入れなかった。

そうしたもみあい、へしあいをやっているうちに会社側は告訴、告発をやってきた。同時に案の定「立入り禁止、妨害排除の仮処分」の申請がおこなわれた。

組合もドラム缶を門の前に置いてなかに人を入れないとか、かなりひどいことをやって占拠していたが、申請がだされた以上、上申書だけでは弱いから何とか手をうたなければならなかった。丁度、弁護士資格をえた翌日に烏山にきた村野弁護士といろいろ考えた。

それで本を読んだりして勉強してみると、『栃木労働』という雑誌に石沢裁判官（のちに太郎杉裁判の判決で有名）が書いた論文がのっていた。この人が立入り禁止の担当裁判官だったが、その論文に、「労働争議についてすぐ裁判所に持ってくるのは間違いである。本来は労働委員会で慎重審議をしたうえで、一定の結論がでてから裁判所が判断をすべき問題である」と書かれていた。そこでわたしはすぐ「不当労働行為の申立書」を書いた。

不当労働行為の証拠がないといっても、第二組合員による全金組合員の切り崩しのときに、第二組合員が会社のオートバイに乗ってきたのは、会社がそれを許可したことであり便宜を供与したことであるので、それが不当労働行為であるという簡単な申立てだった。ハッピーミシン争議の例で述べたように、支部側の正当性を主張し、地元新聞、中央紙の栃木版はいっせいに「全金側、会社の不当性を追求」という記事を載せた。

そういう不当労働行為の申立書をだすと同時に、「『栃木労働』によるとかくかくのことが書いてある。したがって、不当労働行為の事実が明らかになるまで、会社の申請（仮処分）は却下するか口答弁論を開くか、論文の主旨にもとづいた慎重な審議をしていただきたい」という上申書をだした。もちろん、石沢裁判官の『栃木労働』の論文のコピーもつけ加えた。

裁判所は、今までの全県下の労組、民主団体の上申書と、不当労働行為の申立てとこの上申書などを検討して、口答弁論まではいかなかったが、審議にかなり慎重な態度でのぞんだ。わたしも裁判官面接で、成光・田原の事件を例にあげて、とくに和田弁護士が裁判所の斡旋も無視して労組をだましうちにするような弁護士であること、大塚裁判官の自宅での話などひとつひとつを具体的に丁寧に説明した。

しかし、現地では激しいピケで連日のように衝突がおこなわれていた。全金は一五〇人くらいで、第二組合は一〇〇人だが会社側の動員で勢力はほぼ同じ情況だった。

栃木県警は機動隊の動員もおこなったが、宇都宮からの動員は宝積寺（ほうしゃくじ）から利根川の支流をわたって烏山まで一本道だった。戦前に有名な阿久津村事件（昭和七年、小作争議に右翼が介入して大乱闘となり死者一七名を出した）というのがあって、その場所がやはり宝積寺と烏山のあいだの鉄橋だったと、当時の争議を支援した活動家の話を聞いていた（第一光学争議ででてくる板橋都議会議員）。

むこうの指揮の動きと警官隊動員数を事前に察知することは、ピケを張るばあいには大事なことだった。警官隊はかならず宇都宮方面からくるので、本来なら宇都宮に組合員を配置して、警官隊の動員数、指揮者などを調べて電話をすればいいわけだが、当時宇都宮と烏山はダイヤル通話ではなく、特急で申し込んでもいつかかるかわからない状況だった。余談だが、和田弁護士も後日、烏山争議では電話連絡ができずに困ったといっていた。

そこで宝積寺の鉄橋を渡ったところに踏み切り小屋があったので、そこに見張りをたて鉄道電話でまず国鉄烏山自動車支部に情報を入れ、そこから目黒の烏山支部に電話がくるというしくみで、目黒の支部に連絡がくると、ちょうど三〇分後に宇都宮からの機動隊が到着する。その間に、ピケの対応などの作戦をたてることができた。争議の解決まで、それは続けられた。

それでも四月中旬までは警察権力も介入することなく、相変らず全金と第二組合の小競り合いが続けられていたが、わたしは六一年四月下旬に腹痛を起こした。それが盲腸炎だとわかったが、烏山では盲腸の手術ができなくて、宇都宮までいって、富士重工がまだ全金に入っていた頃だったので、そこの病院で腹を切った。

実はわたしは盲腸でホッとした。四月下旬には「仮処分決定」がでそうな情況だった。そうなれば成光、田原と同様にある程度の犠牲者がでることは覚悟しなければならないし、わたしがその先頭に立つこともはっきりしていた。入院でこのたたかいに参加できないことが明らかになって、寂しい気持もあったが、正直ホッとして少し休みたいというのも本当のところだった。

ところが幸いにも、烏山工場の工場占拠を解くために宇都宮地裁に四月一八日に申請されていた「立入り禁止の仮処分」は四月二八日に却下された。石沢裁判長の却下理由は、「団結権保障の法理」を使ったもので、「労働者がクビ切り反対闘争でピケを張ってがんばるのは当然のことで、仮にそこで刑事事件が起きたとしても団結権のほうが重要だ」ということを認めるものだった。

また、「争議を長期化し、解決困難な事態に追いこんでいる最大の原因は会社側の態度にある。組合との約束をやぶって一方的に人員整理を発表し、ロックアウトをかけ組合との話し合いを拒否しながら、裁判所にたよって第二組合の就労を強行しようとしているのは了承しがたい」という主旨であった。この決定は会社側をがっくりさせ、組合側に勇気を与えた。

こうして会社は、烏山工場では東京工場と違って、支部が工場を占拠し、第二組合による生産は不可能という状況がつづいた。

3　全国の目黒支援と三〇〇日のたたかいの戦果

仮処分は却下され平穏無事であるようにみえたが、嵐の前の静けさであった。会社は組合の要求を聞きいれて早期に争議を解決するか、組合にたいする弾圧を強化してまきかえしをはかるかという選択にせまられていた。

結局、後者の道がとられ、組合幹部の懲戒解雇、第二組合によるピケ破り等組合破壊攻撃が激しくなってきた。全国金属は、目黒のたたかいを全国に訴えることで反撃にでた。

わたしは盲腸の手術で一九六一（昭36）年五月いっぱいは休養して、六月ごろ本部に顔をだしてみると、烏山工場の問題は東京高裁に移っていた。

七月一五日には、もと東京地裁の労働部（一九部）にいた千種裁判官が宇都宮地裁の判決をくつがえして、「妨害排除の仮処分」を下した。烏山の山上（やまあげ）祭りがおこなわれる前日の七月一九日に会社と第二組合は、今度は仮処分決定をバックに就労と強制出荷にやってきた。こちらも本格的に宇都宮から総動員をかけた。丁度その日に、全金中央の青婦協の全国会議を初めて烏山でやり、そのままピケにも参加した。

お巡りに守られた会社、第二組合は強硬だった。全金の宣伝カーを縄で引きずりだすという勢いで、乱闘さわぎ寸前の情勢だった。そうしたら町長がでてきて、両軍のなかに割って入って、「明日は祭りだから、何とか静かにしてもらえないだろうか」と休戦協定を提案してきた。こちらは渡りに舟とばかりに、「休戦はまことに結構だ」と応じた。そこで三日間の休戦となり、烏山の山上祭りを満喫した。

それが終わるとまたすぐたたかいの再開だが、仮処分決定の上に公然と警官隊が介入してくるので、ピケだけの応戦ではなんとも力が弱く、このままいったら犠牲者をだすだけだった。それで会社側に、「おれたちはピケを張っているけれども、決して物をださせないというわけではない。しかし、会社側は工場を事実上放棄しているじゃないか。一体何と何をだすのかそのリストを知りたい」といって引き延ばし戦術をやった。

そうしたら向こうは「ミッションの箱」というのを指定してきた。それでこれまでの抵抗はやめて、一応ミッションの箱の持ちだしは認めるということにしたが、若い連中はいうことを聞かないで、ぼくを吊るし上げた。

若い連中は、「ぱくられたってたたかうべきだ。平沢のやつが裏切りをやった」と騒ぎ立てた。しかし最終的にはこれ以上はたたかえないから退くべきだということで、箱をだすことを認めることに決めた。

ところが箱の蓋を開けてみると全部中身が空っぽだった。別にこっちが中身を隠したわけじゃなくて、むこうが指定してきたとおりの箱だった。それで若い連中も大笑いした。そこですかさず、「争議というのは何もピケを張ってたたかうだけが能じゃない。退くことも戦術のひとつなんだ」といったこと訴えた。

連日のごとくピケを張りながらも、最終的には就労を認めていくという方針になっていった。そのときの担当弁護士が、現在社会党の島根出身の代議士で芝法律事務所の責任者になっている栂野泰二先生で、彼は「口頭による説得の自由」ということをしきりにいった。工場の棟から棟にいくときに第二組合員に説得工作をやる。それでもし向こうが突き飛ばしでもしたら緊急逮捕ができるという。仮処分決定も「口頭による説得以外で妨害してはいけない」となっているから、口頭による説得は自由だということで、なかでゲリラ戦をやった。

そのころになって全金も中央執行委員会を、初めて現地で開催することにした。あの辺では解禁以前の鮎を、鮎というと捕まっちゃうから「ニタリ」といって食っているが、そのニタリは天下一品のうまさだという評判だった。そこで中央執行委員会をやって会社への攻撃の気勢をあげることにした。

しかも会社だけを相手にしていてもなかなかラチがあかないので、会社の背後にいる協和銀行、川崎航空機に直接抗議行動をしようということになった。

そこで協和銀行、川崎航空機への抗議行動を全国の地本の協力で展開した。栃木では当然、協和銀行宇都宮支店へ抗議した。東京で本店に抗議したところ本店は、「まったく関係ありません」というけれど、宇都宮支店の支店長は、「全国金属の労働組合に入っているところなんかに、融資をしないのは当然でしょう」と、ボロをだした。その事実をつかんで、こっちは東京にもどってから本店にたいするデモをおこなったりした。

さすがに争議のために連日動員することはむずかしいので、県評では一切の行事を烏山でやるということにした。いつも宇都宮に集まっていた婦人月間の集会も、日教組の県本部の大会も、いろいろな会議をすべて烏山でやるようにした。しかし人がたくさんいるときは、現地に張り付いているオルグは元気がいいんだけれども、人が潮のごとく退いていくと寂しさしきりだった。

それから「目黒を守る会」という会社側の団体からビラが流された。一緒にいた東京地本の森野君とぼくを名ざしで、「全金の平沢、森野の月給は九万円で、彼らは自家用車で往復し、旅館を借り切って風呂に入って酒を飲んでいる」というビラを、新聞折り込みで烏山全部に流された。ぼくは頭にきて、弁護士にも相談しないですぐ告訴した。告訴状は西村直樹君（現東京地本常任）が書いた。

ところがあとで栂野弁護士に聞いたら、「それは名誉毀損にならない」という。給料が高いといわれたって別に不名誉なことではないし、それに全金の宣伝カーで通っているから、自家用車であることには違いない。旅館を借り切っていることも事実で、しかも森野・平沢のことだから当然酒は飲むだろうし、風呂に入るのはあたり前だろうということだった。

二、三年前に争議後はじめて烏山にいった時、その旅館をたずねると旅館のおばさんは八〇歳をこしてまだ元気だった。あの土地柄で、労働組合に旅館を貸すというのは、かなり腹がすわっていないとできないことで、今でも感謝している。

宿泊は四〇〇円で、食事は工場で組合員がたきだしをして動員者はたしか一食五〇円を払った。

昼飯時になると休戦状態になって、天ぷら屋とかがきて、狭い町だからお巡りも第一組合員も第二組合員もみんな同じところで食事をしたことを憶えている。工場は那加川の川岸段丘のところで、大変景色のいいところだった。

ずっとピケでがんばっていたが、その間、東京工場では久保光孝君等の逮捕、烏山工場でも高津戸副委員長ら三名の逮捕と起訴、連日ピケと集団交渉を理由に現地指導のわたしと地本の高橋副委員長（故人）に対する告訴で、警察の出頭命令がくるという状況で、これ以上がんばるのはむずかしいという決定的な場面を八月に迎えた。

その時に、わたしと栂野弁護士と秘密裡に二人で絶対ほかに話が漏れないようにして相談した。むこうの主張が「会社が潰れそうだ」ということを裁判所に非常に強く主張して仮処分決定をとったので、それでこっちは逆に会社が潰れそうだということを理由にして、退職金および未払賃金の「仮差押え」を裁判所に申請した。

そうしたら、それが通っちゃった。そのことをだれにも知らせなかったのは、あるとき自動車の差押え決定を組合員に話したら、それがどこからかいつのまにか相手に漏れちゃって自動車がなかったという例があったからだった。（埼玉県の山口自転車支部の争議）

差押えの日には、東京工場と烏山工場を一斉に差押え執行をするわけだが、そのことはもちろん警察も知らない。こっちはピケを今までどおり張って、その日はどんなに暴れてもいいということにしておいた。

案の定その日も、烏山では警察官を先頭にして会社側の連中がやってきた。組合員は、その日は就労を完全にピケでとめ、乱闘状況になり、警官隊がいよいよ本格的に介入するかと思われたその時期を見計らって執行吏が、栂野泰二弁護士とともに入門してきた。

それとともにわたしは、「これから仮処分執行（本当は仮差押えなのだが）をやります」とマイクでどなりはじめた。お巡りは何のことかわからないから執行吏と弁護士をなかに入れた。執行吏はぱっぱと紙を張っていった。第二組合員が就労しても仕事はできなかった。

この戦果は会社側に大きな打撃を与えた。これ以降、会社、第二組合が生産をつづければ公務執行妨害になるからだった。

一挙に情勢が変化したなかで、東京、烏山双方で大動員をかけた。烏山では二〇〇〇名近くを関八州から集めて気勢をあげた。

たしか総額で三〇〇〇万か四〇〇〇万の退職金および未払賃金の仮差押えだったが、会社はそれだけの金を積んだから差押えは解除になった。そこでこっちがやったのは、代理人弁護士の辞任と、組合員の引っ越しをさせて住所をわからなくさせたことだった。裁判所がだす通知が届かないと、むこうは公示送達というめんどうな手続をやらなければいけないことになった。

そういうことでついに和田弁護士のほうから和解の申し出があり、六一（昭36）年の一一月に三〇〇日間にわたるたたかいは、組合に有利な条件を認めさせて収拾にむかった。

クビ切りは撤回させたが、久保光孝君（現東京地本常任）など二〜三人の犠牲者が東京ででたのはやむをえなかった。烏山の方は解雇の犠牲者は一人もでなかった。なお、一支部の争議支援で全国統一行動がおこなわれたのは、全国金属はじまって以来のことであった。目黒の争議でとられた全国産業別統一闘争は、これ以後の争議にひきつがれ、さらに発展させられていった。

4 般若鉄工所争議の大晦日の解決

目黒製作所の争議の最後の闘争委員会を、全金本部でおこなっている一九六一（昭36）年一一月に、富山地本の三越金属支部の屋根委員長（故人）、松浦書記長から電話がかかってきた。三越金属の組合は、終戦直後の総同盟時代以来の全金加盟組合だが、電話の内容は、「富山地本はこれまで一度も争議の件でお世話になったことがなかったが、実は般若鉄工所という三〇〇人の会社が不渡り手形をだして、会社更生法の申請をおこなった。そこで、七〇〇人近くを全金で組織したのですぐきてもらいたい」ということだった。

般若鉄工は明治三八年に発足した古い歴史をもつ工作機械メーカーであった。戦後の高度成長のなかで急成長し、とくに五九年ごろに量産体制を整え、六一年には二年前に木津工場だけで従業員二〇〇人足らずであったものが、四工場（本社木津工場、氷見工場、福田工場、庄川工場）、従業員三〇〇〇人の企業になっていた。

旋盤月産七〇〇台を誇り、社長は六〇年の全国所得長者番付で七位であったが、町工場と農漁村からかき集められた労働者と零細下請業者の犠牲のうえにそれはなりたっていた。

ところが、六一年一一月、金融引締めによって資金繰りを悪化させ、無暴な設備投資の続行とずさんな経理のなかで倒産した。

わたしは目黒の争議解決の方針を確認し、その日の夜行に飛び乗って富山へ向った。現地に着いてみると、七〇〇人組織しているはずであった組合員が誰もいない。

六一年一一月の一二、三日に会社更生法の申請をして保全処分がでて、これは大変だと一八日に急遽組合結成にふみきった時は七〇〇人ほど結集したが、会社が休業通告（一種のロックアウト）をしたため、組織がバラバラになってしまっていた。

いま高岡地区労の事務局長をやっていて、労働争議については鬼の武田といわれ、全金きっての争議屋といわれる武田利雄さんが般若鉄工の委員長に就任していた。ところが、萩野君という家の二階に、その彼を中心にして一〇人くらいしか集まっていなかった。

どうしたらいいかということで、ああだこうだやっていたが、幸いなことに社員名簿が手許にあった。これまで組合がなかったので会社の社員名簿で、しかも木津工場の分だけだったが、しょうがないから、その名簿をたよりに選挙戦と同じ手を使った。

北陸というのはお寺のいっぱいあるところだから、高岡駅前にある寺にわたしが書いたビラをもたせて、全員を集合させるようにいった。「第一光学、理研製鋼、高砂鉄工など多くの会社で更生法闘争の経験があり、その道の権威者である、全国金属の平沢争対部長が東京から話をしにきたから集まってくれ」という内容だった。

自分で自分をほめた文章で冷汗ものだが、一人二〇人以上を担当させて従業員の自宅訪問をさせた。そうしたら一〇〇人くらい集まったので、その連中にたいして第一光学等の闘争の経過を報告し、「いま会社をやめたらだめだ。そして、労働組合がなければ雇用はもちろん最悪のばあいは未払賃金、退職金も保証されない」と強調し、これまで全金がたたかって挙げた成果を例示した。

その集会では、出席者がさらに仲間を一人でも多くつれて、一一月二〇日木津本社工場の前に集まることを確認した。結局、三〇〇人が集まってきて、重役をつかまえて、会社のどまん中に組合事務所をつくる協定をさせて、それで本社工場が占拠できた。

そのころわたしは、ついこの間亡くなった板谷君（彼はもと漁師で腕に刺青をした共産党員だが、全金の方針を絶対に支持するといってくれた男だった。本当にいい人で、死ぬ間際には般若闘争とわたしの名や梅野弁護士の名を譫言(うわごと)でいいつづけたと聞いている）が氷見の現地で待っているというので、前洋一郎君という般若で最後まで書記長としてがんばった男の案内で、一緒にいくことになった。

ところがその日にバスのストライキがあった。前君がモジモジしているので、「どうしたのか」というと、「金がない」という。タクシー代で一〇〇〇円くらいなもので、「そのくらいな金なら、ぼくがもっている」といってタクシーに乗った。

いってみると、板谷君をはじめ漁師あがりの勇ましい連中が一五〇名くらい待っていた。そこで高岡駅前のお寺で話したと同じような話をして、氷見の委員長として余川君を選出して翌日氷見工場を占拠した。この占拠が本社工場より先だった。

そして庄川工場、福田工場にも各々組合をつくった。途中から中執の青木五郎君（長野出身、現在農協観光上田支店長）をはじめ、大量のオルグを投入して、一二月一杯で一五〇〇名の組合員を組織することができた。

当時全金本部から闘争資金として僅か一〇万円もっていっただけなので、総評弁護団でいま大物になっている山本博先生なんかにも交通費だけで現地へきてもらった。とても弁護士を使って仮処分なんかやれなかった。そこで大衆行動を開始した。

工場使用協定、製品の譲渡協定などをやるわけだが、それをやったところで金が取れなければしょうがない。背後資本の北陸銀行にいって、「未払い賃金のための資金を会社へ融資をしろ」とかけあった。保全処分で確保されている材料なんかがまだたくさんあった。

また一番忙しい一二月二〇日ごろをねらって、北陸銀行の支店という支店に組合員を総動員して一円貯金、一〇円貯金で列をつくって並んだ。

般若鉄工の担当の富山地方裁判所高岡支部は改築中で、般若木津工場の隣に裁判所をおいていたので、そこを連日一〇〇〇人ぐらいで取り巻いた。裁判長は労働問題なんか何もわからないやつだが、担当裁判官は例のオリエンタルモーターを東京地裁労働部で却下した小野寺という、青法協の判事補だった。

そこへ押しかけて行って、「労働者を殺す気か」とやった。

裁判所は隣だから毎日その前に一〇〇〇人ぐらいの動員が可能だった。また組合員が福田、氷見、庄川、木津と移動するものだから警察から「デモの届けをやれ」と文句をいってきた。それでデモの届けを印刷して毎回だしたが、やるかやらないかはこっちの勝手だというわけで、届けをだして警察署が警官を配置して待機していても、こっちは都合が悪くなって取り止めたと一応あいさつして突然中止したりした。そんなことがしょっちゅう繰り返されるから、とうとう警察も音を上げたようだった。

闘争が盛り上ってくると、会社、裁判所、銀行のほうも社会問題にもなるというので、ついに未払い賃金を一二月三一日に支払うことを承知してこの闘争も一定の解決をみることになった。組合員も一五〇〇名以上になっていた。

雪の中を氷見からも庄川からもみんな金をもらいにやってきた。雪の中で機動力が欲しいから会社に対して、「債権者はおれだ。金を借りているやつが自動車に乗るとは何事だ」というわけで、「乗り物は全部こちらに提供しろ」といった。自動車がないと四つある工場の連絡がうまくいかなかった。そのときには、日鋼赤羽の闘争の経験が非常に役に立った。

まさに歴史的な第一次般若闘争を終わって、六一（昭36）年元旦の日にわたしと青木中執は高岡駅前で凱旋将軍のように赤鉢巻きをしめた組合員の歓声に送られた。

六二年一月一二日、五〇日ぶりに工場が再開され、三月一〇日には更生手続開始の決定がなされた。しかしこの争議は、これで完全に終了したわけではなく、六四（昭39）年九月に再び倒産し、六九（昭44）年一月までつづく第二次般若闘争の起点であった。

幾多の教訓を残した般若の争議は第一次と第二次を合わせると、実に九年に及ぶたたかいであったことになる。

5　福井彫刻争議と使用者概念協約の処女作

福井彫刻は一九六一（昭36）年に倒産し、全員解雇を通告してきた。福井県中小労連傘下の福井彫刻労組はその闘争の過程で、中小労連ではどうにもならなくなったので全国金属に駆け込み加盟で入ってきた。しかし、福井彫刻だけを指導するわけにはいかないので、中小労連の仲間八〇〇人を一括して全国金属に加盟させた。

全員解雇にたいして組合側の豊田誠弁護士（当時梨木事務所、現旬報法律）は、地位保全の仮処分の申請をおこない一年有余たたかったが、支部としては親会社の福井精錬への追求を徹底しておこなう、親会社を相手にするという方針で全金も県評も一致していた。

しかし、どちらかといえば理論の構成もないような労働者がたたかうなかで「オレたちを支配しているのはだれか」ということを体でつかんだものだった。

つまり、自然発生的な闘争であって、労働者みずからが体験的に知り得たことから、「どうもあそこが大本らしい、あそこにデモをかければ何とかなるだろう」といったものだった。

裁判と並行して、二、三〇〇〇人動員して福井精錬にデモをかけたりしていたが、闘争は長期化する様相だった。そのころ、福井精錬に天皇陛下がくるという情報が入った。

そこで富山では般若の闘争をものすごい勢いでやっていたから、そこから福井までバスをつらねて総動員をかける、それでも足りなければ全国動員をかけて天皇のくる日に大々的にデモをやる計画を立てた。

極秘に会議を開き計画したが、秘密会議ほど相手側に漏れるものらしく、その方針を漏れ聞いた福井精錬から直接全金に団交の申し入れがきた。その方針は変わったかたちで功を奏したことになる。

それで福井駅ビルのホテルみたいな一室で団体交渉をやった。全金側は、わたしと当時石川地本書記長後出進一郎さん（現石川地本委員長、中央執行委員）と、それから県評の事務局長の宮川さんの三人が出席した。

そこで親会社との協定書というものが全金史上初めてできた。これは、労働者がほんとうに自分たちでたたかいとったもので、当時は大した協定と思わなかったが、その内容は使用者概念拡大に重要な役割をはたした。

協定の内容は一言でいうと、福井精錬の責任で新会社をつくって、そこで全員を再雇用すること、退職金も福井精錬の責任で全額支払うということだった。九人の労働者ががんばって、のちに川岸仙台、徳島般井のたたかいで理論的に明らかにされる「使用者概念拡大（法人格否認の法理）」闘争の基礎を、労働組合の実力で勝ちとったたたかいだった。

この争議をめぐって面白かったのは、こういうことは今後の労働運動の指導部ではやってはいけないことだが、協定が終わってから福井精錬にたいして、全国金属と県評に「ごあいさつ」をさせようということになった。

県評の事務局長は全逓の人だったが、「そんなことは初めてだ」というから、「拒否されてもともとですよ」というわけで福井精錬に二〇〇万円ふっかけてみた。会社は二〇〇万はだせないから、「一〇〇万円でどうですか」と聞いてきたから、もちろん、「結構です」ともらったが、今の貨幣価値にすれば、二〇〇〇万をくだらないはずだ。この「ごあいさつ」（解決金）のプラスでかなり盛大な行事をやり、また最後まで頑張った九名の組合員にも配分した。

ただ残念なことに、一時に相当な金（退職金プラス解決金の配分）が入ると、再就職をしなかったり途中で新会社をやめたりするものもいた。そのなかで宮崎君という当時の書記長は、福井市地区労の事務局長として、たたかいの経験を生かして労働運動をつづけている。

いずれにしても、福井彫刻の争議は背後資本の福井精錬が前面にでて、企業再開、賃金・退職金支払いの協定を、全国金属とはじめて正式に結んだきわめて意義のあるたたかいだった。

福井精錬との協定書に類するものはほかにもあったはずであるが、ただ当時は、親会社との協定がそれほど労働運動において重要なものだとは認識されず、支部、地本、本部で紛失してしまった協定書も多かった。福井精錬と全国金属の協定書も現物が全金に残っているのではなく、福井県の『労働運動史』にその痕跡をとどめているだけである。

協定書の内容はつぎのとおり。

記

一　会社は昭和三十六年四月二十日付の組合員九名の解雇通告を撤回する。組合員全員（九名）は昭和三十六年四月二十日を以て希望退職とする。

二　希望退職者に対し会社は、次の金額を昭和三十七年二月二十六日組合員に支払う。

1　解雇予告手当に相当する金額

2　会社規定に依る退職金

3　組合員に一律七万円（総額六十三万円）

三　会社並びに新会社は組合員（九名）を昭和三十七年三月一日より、新会社に雇傭しその賃金を保障する。但し組合員の就労は昭和三十七年三月十日とする。

四　新会社の雇傭条件は次の通りとする。

1　昭和三十七年三月一日よりの新会社の組合員の賃金は、会社当時の賃金に月給者には月額一律一、〇〇〇円、日給者は日額一律四〇円をプラスし、会社の発展の状況に応じ本協定締結後三ヵ月目に、右賃金以上の賃上げについて新会社、組合間で協議する。

2　新会社の労働条件は右賃金を除いて、新会社、組合で協議決定する。

右協定の整わない期間の労働条件は原則として会社の就業規則を準用する。

五　福井精錬加工株式会社は新会社設立と新会社発展について協力する。

六　会社、組合双方は本件争議について一切を水に流し、その責任を追及しない。

七　組合ならびに組合員は二月二十八日をもって会社構内より退去する。

八　会社、組合双方より提出された一切の訴訟はこれを取下げる。

右協定書調印と同時に会社、組合双方は一切の争議行為を終結し、この協定を誠意を以て厳守する。

全国金属労働組合
福井精錬株式会社
福井県労働組合評議会

ところが、福井彫刻の争議で最初に使用者概念拡大の協定が結ばれたといわれることについて、兵庫地本から「住友金属にたいするたたかいをした西宮鋼板の争議」が先だと異議の申し立てがなされたことがある。わたしもその福井彫刻の争議と前後しておこなわれた西宮鋼板のたたかいと大デモに参加した経験があるが、残念ながら協定書が残っていない。

日本バルブの闘争でも親会社の中山製鋼と交渉が展開されたが、福井彫刻のような明確な協定ではなかった。

この福井彫刻のあとは、不二越精機が倒産したことに絡んで親会社の蝶理（商社）という会社と協定したり、大和電気の闘争で伊豫銀行、東京堂鋼機の闘争で富安商店、東京発動機の闘争で富士電機といったように背後資本とのたたかいが激しく展開された。

合理化反対闘争も倒産闘争も、いままでのような裁判所対策そして工場占拠闘争はたしかにたたかいの基本ではあるが、それだけでは不十分な事態をむかえつつあった。日本独占資本とのたたかいが、中小企業レベルで全国的に本格化する傾向がでてきた。また、独占の側からも中小企業の争議で、全金に話し合い、交渉をもつという傾向すらでてきていた。

そのことを明らかに予告する福井彫刻のたたかいであった。

6　東京発動機争議と大独占の即断即決

東京発動機は資本金一〇億以上で一部上場の会社であったが、オートバイ業界の激烈な競争のもと一九六一（昭36）年に富士電気が実質的な支配権をにぎって、あわよくば鈴木や本田、ヤマハに匹敵する会社にしようとしたが、企業競争に負けて六四（昭39）年二月に倒産した。

会社更生法の申立てと同時に、東京工場の工場閉鎖と八一七人の全員解雇を通告してきた。その内容は、予告手当だけで退職金は払わないという無謀なものだった。

わたしはオルグにいき、本社、東京工場、岡谷工場の中立三労組のうちのまず東京工場を全金に加盟させた。退職金を被保全権利として東京工場はもちろん、操業中の岡谷工場の有体動産を仮差押えし、組合長を保管人として合法的な工場占拠をおこなった。

会社更生法の申立ての内容をみると、東京板橋区の志村にあるかなり広い工場を閉鎖して土地を売り払って借金を返済し、長野の岡谷工場は、ボートなどの船外機中心の工場にして再建をはかるという案だった。

ところが、組合が反対闘争をしているから更生開始決定はなかなかでない情勢にあった。

東京発動機はオートバイ以外に有力な製品として消防のポンプ関係を製造していたが、ポンプ関係の業者は大体地方のボスだった。彼らが「ポンプを組合が差押さえているのはけしからん、中小企業を潰す気か」といって闘争をしている工場にやってきた。支部は、「あれは全金本部が押さえているんだ」というものだから、全金本部に押しかけてきた。

そこでポンプ屋を集めて、「労働者だって賃金がもらえないでクビを切られて困っている状態だから、品物を渡すわけにはいかない。しかし、君らも困っているだろうから、ひとつ自民党に働きかけてみたらどうか」と提案した。それにたいして自民党のほうも、地方のボスの中小企業者の頼みなので放っておくわけにもいかず、ガタガタやりはじめた。

こちらも代議士になりたての全国金属出身の藤田高敏さん（社会党）が商工委員だったので、

彼に頼んで商工委員会で親会社たる富士電機の金成という社長を参考人として呼びだした。そしてかなり激しく追求してもらった。

そういうことが背景にあって、反対闘争が日ごと拡大するなかで、会社側からトップ会談の申し入れがあった。これは何か退職金ぐらい色がついてくるかと思って、多少期待をして東京弁護士会で東発の社長と会った。

そこで何をいうのかと期待していると、「何とか争議を解決してくれ。組合がクビ切りを認めたら退職金くらいは何とかなるのではないでしょうか」という。「なる」というのではなかった。退職金を払うというはっきりした態度なら話は別だがその程度の話だった。

それで、「そんな話は、少なくとも社長ともあろうものが、全国金属の代表にたいしてやるべきような話ではない。トップ会談というものは『おみやげ』をもってのぞむべきだ。そんな子供だましみたいな交渉では失礼でないか」とものの二、三分で交渉は決裂した。

実はそのトップ会談をやる以前から、現在は茨城の社会党の代議士をやっている竹内猛さん（当時板橋の社会党の支部長で党本部の農漁民部長）が、わたしのところにきて東京発動機の問題で、「ぜひ会ってもらいたい人がある」という申し入れをしてきていた。「おまえの紹介じゃ、しょうがないから会うか」ということでトップ会談が終わってから会うことにしていた。

どうせ中小企業のポンプ屋の経営者に会って話を聞かされるのだろうと思っていた。一応、指定された丸の内ホテルにいったところ、ホテルで待っていて名刺を差しだしたのは、大成火災常務取締役の藤掛さんという人だった。一瞬、なんで火災保険がでてくるのかわからなかった。「藤掛さん、火災保険会社が何で東発の件でわたしを……」といいかけたら、「実は、竹内先生に頼んであなたにお目にかかったのは、東京発動機は古河グループの企業なんです。みなさんはいま国会で藤田代議士を中心として、かなり富士電機の社長の追及をおこなっておられるようだが、古河としても何とか解決しなければならない問題なので、古河からわたしに管財人になってくれないかといわれている。そのために、いまの争議を解決するための全金の条件を伺いたい」という。

そこで、「簡単じゃないですか」といって、まずクビ切りを撤回して、その間の賃金を全額支払い、工場を再開すること、組合で雇った弁護士の費用などの解決資金をだすこと。それからもうひとつは、組合に諒承しないで勝手に辞めていった人たちの賃金は更生債権になるが、組合の諒承にもとづいて退職し、退職金支払いの訴訟をおこしている組合員にたいする優先的保証をすることなどの条件をだした。

この条件にたいして藤掛さんは、「平沢さんのいうことは、ごもっともだから全面的に結構です」という。三〇分ほど前のトップ会談で社長と会ったときには、会社側の条件すらでてこなかったのに、いかに古河グループとはいえ、この件を一任された火災保険会社の常務取締役と話をしたら組合の要求をまるごと受け入れるという。わたしは本当にびっくりした。

まさに企業の経営者はロボットで、背後の独占の都合で更生法もクビ切りも、工場閉鎖もおこなわれるということをよく知ることができた。

実際の交渉に入り、話がだいたい煮詰まってきたときに、「賃金、解決金の支払いについては、会社更生開始決定以降にしてもらいたい」という申し入れがあった。

つまり、会社に金がないから会社更生法の申立てをした。いま支払うことができるならば裁判所に更生申立てをした理由がなくなってしまう。更生法のねらいは一般中小の債権の九〇%を更生法によって切り捨てることにある。いま払ったら払える力があったことになり更生申立てがインチキだということになって具合が悪い。

そこで藤掛さんは支払いは更生開始決定後にしてもらいたいといってきた。「わたしを信用してくれ、管財人になったら必ず払います」というわけだった。

しかし、わたしは、「第一光学の争議では、約束をした後でそのときは会社更生法に引っかけられて約束をたな上げにされたことがある。とにかく、金をもらわないのはだめだ。全国金属労働組合というのは社団法人で、銭をとるのが商売なのだから、約束して後で不渡りになったら大変だ。ぼくの責任問題にもなる」といったら、「わかりました」と。「しかし全金だと、払ったことがわかると困るから、『平沢栄一』個人の口座をつくってくれ、それなら内緒で払える」という。

そこで、板橋労働金庫に平沢栄一名儀の口座をつくった。会社は保全処分になっているから、会社の金は内緒で動かせないので、金は借りてきたのかどこからでたのかわからないが、とにかく会社に内緒で数千万の金が全額払い込まれた。労働金庫で、個人の名義で何千万円の金を預ったというのは、わたしだけではないか。

労働金庫は労働組合を通じて預金するので、個人の金額は少ない。団体として何億、何十億と預けてあるところはあるだろうが、個人の預金で何千万というのは現在でも珍しいのではないか。ただし、明智光秀ではないが、開始決定と同時に金は東発の支部に返して三日天下に終わった。もうひとつ心配だったのは、会社更生法の申立ては東京工場を閉鎖して岡谷工場に集中するということなので、またクビ切りがやられるのではないかと心配した。

そのことをいうと藤掛さんは、「裁判官というのは一足す一が二でないとわからない人間だから、開始決定を取るために、彼らにわかりやすいようにするために方便としてだした案だ。東京工場の志村の土地を売ればたしかに債権者に全部金を払える。しかしいま売るばかはありません。近く地下鉄が開通するからあの土地は数十倍に値上がりする。だから絶対にあの工場は売りませんが、裁判官には理屈が通るような申請でないとだめだ。将来値上がりするからというような申請をしたって、却下されるのは明々白々です。わたしが管財人になれば管財人として独自にやればいいんだから、そんな工場閉鎖は絶対にやりません。ただいろいろな面で第二会社にするとか、そういったことは全国金属さんも相談に応じていただきたい」ということだった。

金があるのに金がないといって、結局裁判官をだますための申請じゃないかということだった。結局、六四年五月二七日、解雇撤回、争議中の賃金全額支給、解決金の支払いなどで全面的な勝利を収めることができた。

だいたい通常に会社更生法の一般債権は、開始決定がでると九〇％以上（返済は一〇年にもおよぶケースがある）、ひどい会社（たとえば鉄鋼労連の日本特殊鋼の更生計画案）では一〇〇％切り捨てになるが、東発のばあいは国会でとりあげられ、組合は社会党、下請関係は自民党に要請したため、通産省もうごいた関係もあって、富士電機が下請関連企業の手形の三〇％を現金で買い上げることになった。

また、全金は退職金の委任状をもって労働省に乗り込んでいって、「退職金未払いは労働基準法二三条違反なんだし、優先的更生債権で一年後に支払わなければいけないんだから、三〇％は支払われるように善処しろ」と談判して支払わせることに成功した。東発の国会闘争で与野党を協力させた点は特筆すべきことである。

東京発動機の争議では、その背後資本と直接に交渉し、合理化および東京工場売却を更生計画のなかで完全に撤回させ、倒産闘争における「使用者概念拡大」を決定づけた。

7　川岸仙台と法人格否認の法理

プリンスとの闘争がおこなわれている最中に、川岸仙台工場の争議がクローズアップされてきた。川岸工業は小倉、牧山、千葉、徳山、大阪に工場をもつ全国有数の鉄骨・橋梁メーカーであった。

一九五七(昭32)年につくられた仙台工場に、六三(38)年には労働組合が結成された。六四(39)年には川岸工業共闘会議(議長高橋治、現宮城県評議長)も結成されて「オール川岸」として全工場の労働条件を引きあげる努力がなされた。仙台工場労組は、六五年以降、川岸共闘の議長支部であり、全国金属宮城地本の中核的な組合であった。

わたしも数回オルグにいったが、会社にいくと「川岸工業仙台工場」と大きく立看板が立っていた。組合の役員に新しくなった人も、「今度組合の委員長になりましたが、まだ組合の名刺ができておりません」といって「川岸工業株式会社仙台工場何々主任」という名刺を差しだすといった具合だった(後でわかったが、仙台工場は「仙台工作」という川岸工業とは別の会社となっていた)。当初は労働者もそんなことは知らなかったから、自分たちは川岸工業に雇われた従業員だと思っていた。川岸工業は新聞をみると東証二部だが上場企業であり、倒産にでもなれば大きな問題になるなと思っていた。

六七(昭42)年五月ごろ、宮城地本の細川委員長(現全金中執)から、「どうも仙台工場は閉鎖になりそうだ」という連絡があった。六月に入って、会社は赤字を理由に工場の閉鎖、その後解散決議をして全員解雇(一八一名)を通告してきた。

この仙台工場の閉鎖は、企業の合理化と川岸共闘の中心支部の組織破壊という、一挙両得をねらうものであった。

当初はわたしは業対部長で直接指導する立場でなかったし、——またわたしが担当するような争議でもなかった。ごく一般的なクビ切り反対闘争としてたたかわれた。

そのうちに会社側は、製品の搬出を強行するような行為にでてきたので、わたしも乗りこんでいって現地の国会議員や県会議員を動員して抵抗した。警察も二回や三回は代議士や県会議員の顔を立てるが、そのうちに機動隊に守られた会社側は大動員をかけてくるようになった。そこでピケ隊と衝突がおこなわれるようになり、だんだんこれ以上こっちがピケを張っていてもいずれはやられるだろうという情勢になってきた。

現地で入手できる限りの情報を整理し、有価証券報告書などを取りよせて調べてみると、仙台工場の従業員全員が川岸工業（資本金三億円）とは別会社の「仙台工作」（資本金五〇〇万円、株は一〇〇％川岸工業）の従業員であることがわかった。仙台工作は川岸仙台に労働者を入れている人入れ稼業の会社で、工場の設備・資材・製品は川岸工業のもので、仙台工作は加工生産だけをやっている事実が明らかになった。

川岸工業は全国に工場があるにもかかわらず、従業員総数は一五〇名としてしか記載されていない事実もつかんだ。

さしあたり、工場占拠の合法的根拠をえるためと、労働債権を確保するために、会社（仙台工作）の有体動産の仮差押えの手続きをとったが、仙台地裁もこれを認めた。

これは弁護士同士の大論戦のもとになった。仮に差押え決定がでても、いざ執行のときに製品から工場から何から全部が川岸工業のものだといわれたら、事実上強制執行ができなくなるという点をめぐってだった。

そこで考えたのは太平洋戦争における真珠湾攻撃のような戦術を考えた。土曜日に命令を取って、極めて緊急性があるということで日曜に執行という命令を取った。日曜日に執行にいったら守衛さんが一人でいたことはいたが、守衛さんも自分がどこの守衛かわからない状態だった。

その守衛立ち合いで有体動産全部に差押えの紙を貼った。それで執行官に支部の砂子俊雄委員長を保管人に選任してもらい、事実上工場占拠を強行した。

支部委員長が会社内の有体動産を管理しているので、「持出したりすると罰せられます」という内容の文書を大きな紙に書いてあちこちに貼りだし、入口には、「保管人の許可なく出入り禁止」と掲示したため、お巡りもびっくりしてこなくなったのは大きな収穫だった。

差押えを実行したら親会社の川岸工業は、かならず「第三者異議にもとづく仮差押えの執行取消の訴え」をするだろうことはわかっていたが、やはり、「差押え物件は同社所有のもので、仙台工作に貸与している。差押えられた物件は『第三者』のものである」として第三者異議執行取消しの申立てを仙台地裁におこなった。当初は頑張っても二ヵ月くらいで取消される。しかしただ製品搬出をゆるしたらと仮差押えをした。

ところが組合はこの訴えを受けてたち、「仙台工作の解散は、川岸工業の反組合的動機による計画的な擬装解散であり、川岸工業と仙台工作とは形式上法人格こそ異なるが、実質的には同一企業である」と主張した。

その一方でわたしは、川岸工業あるいは仙台工作にたいして「地位保全の仮処分」を申し立てたらどうかという提案をした。この間亡くなられた斉藤忠昭先生と、そこで議論がおこなわれた。斉藤先生は、「差押え決定は解雇が有効であることを前提とする退職金の支払いのためで、地位保全の仮処分は解雇が無効であることを前提とする雇用の保障のためだから、お互いに矛盾した申し立てになる」という意見だった。

そういうことで結局は川岸工業にたいして七六（昭51）年六月分の賃金支払いの仮処分申請をおこなう一方、川岸工業と仙台工作の両者を相手に、宮城地労委に不当労働行為の申立てをおこなった。

この問題で全金本部では東城弁護士などを集めて法律対策を練ったが、大きく二つの意見が対立した。仙台工作を相手にして訴訟を起こすのは間違いであり、親会社である川岸工業を相手に起こすべきであるという点では一致していたが、東城先生は商法二三条の「名板貸理論」（親会社が子会社に自分の名前を使うことを認めた場合には親会社が責任を負うという法理）を根拠に川岸工業を相手にすべきだと主張した。

それにたいして斉藤先生は法人格否認（子会社が実質上親会社の一部門にすぎないばあい、子会社の法人格は否認されるという法理）でいきたいという。最高裁で税法関係における法人格否認の判決があるらしいが、親会社が子会社の株式を一〇〇％握っているばあいに、子会社の法人格を否認するという法理で対抗しようということだった。

東京ではそういう二つの議論に分かれていた。その間にいろんな証拠が集まってきた。たとえば仙台工作で一〇〇〇円以上の支出は本社（川岸工業）の許可が必要だとか、賃金や労働条件を決定するのはすべて本社（川岸工業の文書で川岸工業を「本社」、仙台工作を「工場」としている）の許可が必要だとか、まさに傀儡であるということの資料がいっぱい集まった。有価証券報告書にも「関連会社の従業員は別会社ではあるけれども当社の人的資源である」とでていた。

そうすると当初は法人格か名板貸しかといっていたんだけれども、これだけの証拠資料が集まったからいずれにしても論争ができるということで、上申書などをだしながら裁判官にたいする働きかけをものすごくやった。裁判官もこれはおかしいということで口頭弁論に入った。

それは三年の長きにわたることになったが、七〇（昭45）年三月二六日に、東北の一角で全金の旗を高くかかげてたたかわれた川岸仙台の闘争も、仙台地方裁判所で最終的な局面をむかえた。

当日は、川岸支援共闘、川岸守る会、松尾橋梁の委員長中黒忠仁（現全金中央副執行委員長）を通じて全国より集まった全金鉄鋼第二次業種別対策会議の代表ら四〇〇人が、傍聴席や屋外をうめつくすなかで、午前九時三〇分、担当の藤枝裁判官が法廷にあらわれた。一瞬、傍聴席、記者席が水をうったように静寂になった。

裁判官は冒頭、「本裁判が三年もかかり、特に昨年八月結審になりながら今月までおくれたことをお詫びする」と発言。つづいて川岸工業の「第三者異議、執行取消し」の申立てを却下すると述べ、組合側申請の「昭和四二年六月分の賃金を支払え」という仮処分判決をいいわたした。
その判決理由のなかで、「法人格否認の法理により債権者（労働者）らに対する雇用関係についての責任も親会社である債務者川岸工業において引受けているものと解すべきである。債権者らの有する賃金債権について債務者川岸工業は前記法人格否認の法理の適用を受け、その支払義

倒産子会社の従業員に 親会社は賃金払え

仙台地裁 法人格否認の新判断

【仙台】倒産した子会社の従業員に対し、親会社は賃金を支払わなければならない、という判決が二十六日、仙台地裁民事部藤枝忠了裁判官によって示された。同裁判官は判決理由のなかで、日本ではじめてという「法人格否認の理論」を適用して、親会社と子会社の関係、条件によっては子会社の法人格の独立性が認められないという新しい判断を示し、経済界に与える影響は大きいとみられている。

事件は仙台市原町小田原大梶、仙台工作会社の倒産をめぐり、同社労組（全金属組織下、砂子俊雄委員長）が、親会社である東京都港区東新橋一ノ二ノ一三川岸工業（工藤栄社長、鉄骨、橋りょう生産）に対し、閉鎖により解雇された従業員百七十九人の未払い賃金一カ月分（三百万円）を支払うよう四十二年六月、仙台地裁に訴えていたもの。

川岸工業は三十二年、仙台工作が設立された際、資本参加して同社を系列下におき、下請工場としていたが、経営不振で同月閉鎖された。

一方、川岸工業は「下請会社ではあるが、全くの別法人である」として、同労組の仮処分申請により同地裁が認めた資材など約二千七百万円の差押え処分の取消し請求と民訴法上の第三者異議の訴えを同地裁に起し、争っていた。

二十六日、藤枝裁判官は「倒産した仙台工作会社は、親会社の川岸工業から独立した法人格を持ってはいるが、川岸工業は資本的、人的、経営的にも仙台工作を支配している親会社であり、仙台工作の従業員に未払い賃金を支払う義務がある」と言渡し、川岸工業側の訴えを却下した。

同裁判官は判決理由の中で、親会社、子会社の関係にいわゆる「法人格否認」の理論を援用し、同理論が適用される要件として、親会社が子会社の業務を一般的に支配しうる株式を所有し、企業活動の面においても現実的、統一的に支配している場合とし、仙台工作はこの要件を満たすので法人格は否認される、との新判断を示した。

同裁判官はさらに、仙台工作の従業員は、就業規則で同社に従属する関係、いわゆる受動的債権者でこのような立場の従業員に対しては親会社の川岸工業は仙台工作の法人格を主張できぬとのべた。

東大法学部 矢沢惇教授の話 非常にめずらしい判例だ。米国の判例では法人格乱用に対して「法人格否認の法理」が適用されているが、日本では初めてだと

皇太子ご夫妻と浩宮さま苗場に

皇太子ご夫妻と浩宮さまは二十六日午前十時、上野駅発の特急「とき2号」で新潟県・苗場国際スキー場においでになった。ご夫妻は二十九日まで、浩宮さまは三十一日まで滞在、スキーを楽しまれる。

年配者を優先的に

個人タクシー免許審査 東京陸運局

東京陸運局は四月から年配運転手の個人タクシーをふやすため、四十五歳以上と以下の二本立てで条件を審査し、年配者の免許を優先的にスピード処理、免許件数もこれまでの二倍以上にふやすことを二十五日明らかにした。

橋本運輸相が二月六日、万国博対策の一つとして、個人タクシーの増車、とくに安全運転の評判が高い年配運転手をふやす方針を決め、東京陸運局でも今月はじめ個人タクシー運転手の年齢資格の上限を六十歳から六十五歳に引上げた。

しかし今月九日、個人タクシー免許の年齢引上げを要求し、東京地裁に訴えを起していた老運転手

務を負担している」というものだった。

この仙台地裁の判決、決定は、全金支部が親会社である川岸工業に賃金、退職金等の労働者の債権を請求することができるということを判断しただけで、争議そのものの決定的な解決をもたらす内容ではなかった。不当労働行為の審理はやられていなかった。

にもかかわらず、朝日、毎日、読売の三大商業紙が、翌朝の全国版に、「親会社に賃金や退職金支払いの請求ができる」と三段、四段抜きで報道した。この判決の独占資本に与えた影響は大きかった。

判決直前に川岸工業社長は、「もし川岸工業がこの裁判に負けたら大変なことになる。日本の大企業は成り立たなくなる。八幡製鉄のように五〇〇社も子会社、系列会社をかかえた企業はどうなるか。八幡は五〇〇社の労働問題について請求されたり、交渉をもたされたりして、今日の法律がひっくりかえってしまうことになる」と発言していた。

とくに子会社の法人格否認の法理については最高裁の傍論でふれたことはあるが、このように明確なかたちでこの法理を具体的に採用した判決ははじめてで、法曹界にも新たな論議を呼びおこした。

七一（昭46）年一二月、工場再開はかちとれなかったものの、宮城県労働委員会のあっせんで川岸工業を当事者として解決金をとり、七〇年代の独占資本の支配を打ち破る突破口を切りひらいてこの争議は幕を閉じた。

8　使用者概念拡大闘争の華々しい戦果

総評は、雇用問題についてこれから真剣に取り上げなければならないということで、ニクソンショックのあった一九七一（昭46）年一二月に各単産の書記長を集めた。わたしはまだ書記長ではなかったけれども、書記長の代理で出席した。

そうすると社会党の偉い人がきて、雇用保障の協定だとか、解雇規制法だとか、いろんな法案の説明をやる。

わたしはいいかげんしびれをきらして、「いまクビを切られている労働者をどうするかということが、第一の問題じゃないか」といった。現に全国金属でも早川鉄工が倒産して、退職金も支払われないまま全員解雇になっているし、映画の大映、日本製紙、秋田木材も倒産していた。こういうところの雇用をいかにして守るかということが、まず第一に大事な問題であると痛感していた。

つづけて川岸仙台の話をして、「裁判官でさえも親会社、背後資本に賃金、退職金、雇用の責任がある、といっている。まして早川鉄工のばあいは倒産したら、財産は全部三井物産の所有になっている。こんなばかな倒産があるか。これは三井物産に責任があるんだ。聞くところによれば大映は富士銀行、日本製紙も住友銀行、秋田木材も三井生命に責任があるはずだ」と主張した。

実は早川鉄工の問題で三井物産に総攻撃をかける準備をしていたが、全国金属だけがやって捕まっちゃばかみたいなもんだから、どうせやるならみんないって捕まったほうがいいというわけで、総評自らがすすんで親会社を追及すべきだという方針を打ちだした。

それで東京の争議団を全部集めて討論集会をやり、七二（昭47）年六月一九日に三〇〇〇名を動員して田村町の三井物産を包囲し、会社内になだれこみ事実上占拠した。

でてきたのが総務部長だったので、「失礼なことをするな。全金の業対部長がきているのに、たかが総務部長とは何事だ」といった。総務部長には部員が多数いるだろうけれども、全金の業対部長などといったって一人の部下もいない。しかしそこは、何千というバックがいるから大みえを切った。

三井物産は絶対に協定に応じないといいながら、夕方になるとわたしのところにはこないで、高山勘治東京地本委員長（現全金委員長）のところに、まず機械部長だかなんだかがヒョロヒョロ出入りをしていたが、七二年一二月二九日に、「五億の退職金全額と、それ以外の金額も立て替えて払う」という協定書が結ばれた。

この協定書の当事者は全金側は高山東京地本委員長と斉藤与四郎という早川支部の委員長、相手側は三井物産株式会社代表取締役植村一男で、早川鉄工は協定の当事者ではなかった。

早川鉄工で成功した力を借りて日本製紙の問題では住友銀行、大映の倒産では富士銀行を占領するとかをやり、本格的な丸の内のたたかいの火ぶたが切られた。いままでは法廷闘争だけだったのが、いわゆる敵の本陣それも大独占の本拠を突く攻撃態勢ができあがりつつあった。これが、今日もつづいている「東京総行動」のはしりだった。

一方では、法廷闘争も引き続きおこなわれた。たとえば、七二年に福井の中防鉄工所が、全金組合員を別会社の福井鋳造に派遣しておいて、そこでクビを切った事件で、福井地方労働委員会は、「被申立人福井鋳造（子会社）は、申立人組合員の解雇を取消し、被申立人中防鉄工所（親会社）は解雇当時の労働条件で復職させ、同人が解雇されなければ払われたであろう給与相当額を払わなければならない」という命令をだし、地位保全の仮処分を決定した。

徳島船井電機の争議では、川岸仙台の資料を持ち込んでたたかった結果、七五（昭50）年七月に川岸より一歩進んだ仮処分が出され、徳島船井電機の親会社（船井本社）に全面的に雇用責任を認める決定が徳島地裁によってなされ、この決定にもとづいて一二月に、全員（一〇九人）解雇撤回再雇用の協定が結ばれた。

この争議の意義は、川岸仙台以来、全国金属が「使用者概念の拡大」の闘争をすすめてきたうえに立って、地裁が不当労働行為についても「法人格否認の法理」を認め、しかもそれを現実に使用者が認めたという点にあった。

そういうなかでの一つのおもしろい例として、七四（昭49）年五月二日に福岡地方裁判所、同高等裁判所の決定がある。これは組合が負けた仮処分の事件だが、重大な問題がひそんでいた。丸五株式会社という親会社に丸五コンクリートという子会社があり、親会社は子会社の株を一〇〇%握っていた。子会社の従業員が全金の組合員で、七四年上半期に賃金闘争で一〇〇日間のストライキをやった。

ストライキだから無論製品の搬出を拒否した。すると、丸五コンクリートが「製品搬出妨害排除の仮処分の申請」を福岡地裁直方支部にだした。

直方支部ではこれを五月二日に却下したが、六月一日に高等裁判所でひっくり返った。要するに、「所属組合員は製品搬出を実力をもって妨害してはならない」ということで、妨害排除の仮処分が決定した。

ところがぼくがその申請書を見たら、会社自ら丸五株式会社と丸五コンクリートは形式上別会社ではあるけれども、実質上は全く一体であるという主張をしていることがわかった。経営者が自らの法人格を否認する主張をしてこの仮処分を取っていたわけだ。

そこでわれわれは親会社たる丸五株式会社にたいしても、不当労働行為の申立てをした。「会社側の申請によれば」会社が親会社と一体であることを自ずから自供しているのだから親会社に使用者責任が認められるのは当然の結果となる。

今度は会社がびっくりして、せっかく勝った仮処分を取り下げた。だから仮処分では組合が負けたといっていたけれども、わたしはむしろこれは事実上組合が勝った仮処分の決定であり、今後の使用者概念闘争で、親会社を徹底的に追及できる一つのいい例であるという宣伝をした。

Ⅸ　全国金属への組織分裂攻撃とその反撃

1　日産労使によるプリンスの吸収と全金プリンスの抵抗

日本の企業は独立しているように見えるが、実は大独占資本が支配しているという支配従属構造ができあがりつつあった。

企業内だけでは重要な問題を決定することができなくなってきた。いろいろ親会社たる大独占資本におうかがいをたてないと何もできない。まして会社更生法だとか破産だとかいうことになり争議になれば、公式、非公式をとわず金融機関あるいは親会社なり商社との交渉をしなければ事の解決がむずかしい状況になってきた。

子会社の労使問題を親会社と交渉して解決するということは、子会社を使用者とみるだけでなく親会社をも使用者とみることであるから、これを法律的言葉でいうと「使用者概念の拡大」という。

しかし、「使用者概念拡大」闘争が実際上おこなわれていたとしてもまだ、理論的な問題としてとらえるまでには至っていなかった。その転期をなしたのは、一九六五（昭40）年五月三一日突如としてだされた日産自動車とプリンス自工の合併発表（合併契約書の正式調印は六六年四月二〇日）と、それにかかわってなされた全金攻撃にたいするたたかいであった。

日産・プリンスのたたかいを契機にして、初めて法理論面から「使用者概念の拡大」を図る作業がなされたのである。

プリンスはスカイライン、日産はブルーバードという車をだしていたが、エンジンは圧倒的にスカイラインのほうが優れていた。プリンスはたまたま五月三〇日にブルーバード撃滅作戦という営業活動を一斉にやった。ところが次の日にカーラジオで日産とプリンスの合併が報じられてガクッときたという。

その合併はブリヂストンタイヤの石橋正二郎と住友銀行首脳（プリンスはブリヂストンタイヤと住友銀行が支配していた）、それからプリンス社長の小川秀彦、日産では川又克二社長、そして桜内義雄（当時通産大臣）が間に立って知っていただけで、両社の重役にも知らされていなかった。日本資本主義は、六〇年代後半には企業の集中・合併―トラスト化へと新しい局面にはいっていったが、日産・プリンスの企業合併はこの新しい局面のなかでの典型的な現われであった。この合併はまったく企業（プリンス）の自主性が認められなかった。三鬼陽之助の書いた『日産の挑戦』を読むとそのことがよくわかる。

表面的には「対等合併」といわれていたが、資本金が三五〇億の日産と一二〇億のプリンスとでは、誰の目にも対等の合併ではなく、プリンスが日産に「吸収」されるものだとわかっていた。

プリンスの従業員の多くは、「吸収する側の日産は、これからおれたちをどうするのだろう」と不安をもっていた。

ここにつけこんだ日産側は、会社の別働隊として動く自動車労連・日産労組の幹部を使って、プリンスの労働者に、「全金をぬけて自動車労連にはいれ。全金にはいっていると合併もうまくいかない。クビになっても面倒はみられない。われわれのいうことを聞かなければ、日産としては合併については考えなおす。もし合併しなかったら、プリンスはどうなるか考えてみろ。全金

日産・プリンス合併

来年末までに 乗用車で日本最大に

国際競争力を強化

モデル・ケースに

合併の発表を終って、笑顔で語る川又日産自動車社長（左）と石橋プリンス自動車会長＝東京・丸ノ内ホテルで

を抜けなさい。いっしょに合併成功のため努力しよう」と、クビか自動車労連かの二つに一つの道を選ばせる、おどしをかけてきた。

プリンス自工支部（中心は旧中島飛行機の荻窪工場）は全国金属最大の組織（七五〇〇人）だったが、日産は名に負う自動車労連で同盟だった。しかも、日産関連の組合だけを集めて自動車労連をつくり、賃金や労働条件はすべて労使一体になって決めていくという同盟のなかでも特異な組合だった。

わたしは日産・プリンス合併問題が起こった六五年は争対部長をやっていたが、その年に配置転換で業種別対策部長になっていた。業種別対策部長は自動車関連の仕事も当然やるわけだから、こういう情勢のもとで、その対策のためにプリンスの会社や工場にもでかけていった。

その経過はさておいて、日産労使の攻撃が加わるなかで、合併発表六ヵ月を過ぎた六五年の年末には日産労組のプリンス自工支部支配が確立して、プリンスの執行部も身動きできなくなり、六六（昭41）年四月には、ついに全金脱退という事態が起こった。

これについてはのちに最高裁で、全金脱退は無効で全金プリンスが第一組合であるという判決がでた。プリンス自工支部は全金の支部として一貫して存続しており、自動車労連に加盟した組合は、全金支部から脱落していった者がつくった第二組合にすぎない、ということがその判決のなかで認められた。

しかしそれは最高裁での判決にすぎないもので（提訴から一五年もかかった）、実際には全金派のプリンス自工支部執行部は日産派に実力で組合事務所を追いだされ、全金本部に移らざるをえなくなったというのが現実だった。

それでも、工場のなかの全金組合員は行動隊として、プリンス組織強化委員会を二〇〇人で組織した。たとえ少数になったとはいえ、差別と暴力に反対する活動は展開されたが、七〇〇〇名の組合員はほぼ制圧されてしまっていた。

その組織問題について全金中執としては、対策委員長として佐竹さん（当時東京地本委員長）、対策事務局長としてわたしが担当して対応策をねるわけだが、現地は日産派に制圧されており、プリンスの会社側を労働委員会、裁判所に提訴するにしても、その当時、全金プリンス支部としての機能が発揮できず、支部として訴えをおこすことができない状態だった。

そこでそのときに、全国金属本部として提訴ができるということを考えついた。

六五年一二月八～九日に、全日産労組の大会があって、当時委員長の永井博君（のちに田無市助役）、いまの委員長の大野秀雄君（当時プリンス自工支部事務局長）や書記長の鈴木孝司君、白川英紀君（現東京地本常任）そして総評オルグの本木光雄さんなどがその大会にいっていた。

大会の席上で川又社長が、プリンスからつめかけた係長、班長等の職場の指導者クラスも前にして、「合併に反対するすべての勢力に対して、労使一体になって撃滅する。労組の合併がうまくゆかないばあいには合併を考えなおす」という演説をぶち、大会はプリンス自工支部執行部批判に終始した。

そして、「プリンスに働く良識ある労働者とともに、一日も早く組織の統合をなしとげてゆく」という方針を決定した。日産労使が一体となってプリンス自工支部の組織破壊活動にのりだしていることは明らかだった。

わたしはとくに川又発言を重視し、それならば、プリンスだけを訴えるのは意味がない、合併に反対するのは労働組合の方針であり、自由ではないかということで、日産とプリンスを一緒に訴えたらどうかと提案した。

弁護士の適任者としては栂野さんと東城さんということになり、一二月一五日に日産とプリンスを相手に「不当労働行為」の申立てをした。

ところが東城さんのような人でもミスがあるもので、中労委に訴えてしまった。中労委で、「ここでは受け付けられないから、東京都の労働委員会にいってくれ」といわれて、東京都の労働委員会が担当することになった。そのときの委員はいま中労委の委員をやっている石川吉右衛門先生（現千葉大学教授）で、当時は東京大学法学部の教授をやっておられた。

石川先生も日産とプリンスを一緒に訴えるのは問題があるんじゃないかということだったが、とにかく押し切って提訴をした。わたしも不当労働行為の事件を、（弁護士さんを雇う金がなくて）自分でやった経験はあるが、それほど精通しているわけではなかった。

相手は橋本武人さんと高島良一さん（理研発条の仮処分の時の裁判官）たちで優秀な先生だったが、小倉さんというあまり能力のなさそうな、とんちきな弁護士もついていた。

その後審理が続き、「実行確保の措置勧告の申立」(裁判でいう仮の保全処分みたいなもので、正式な命令がだされる前に使用者側にクギをさす勧告をしてもらうこと)だとかいろんな経過があったが、都労委の命令がだされた。そのなかで、プリンスの不当労働行為は認められたが、日産にたいする申立ては棄却された。

命令の内容は工場長・課長などの非組合員のおこなう不当労働行為と、係長・班長などの組合員のおこなう不当労働行為をはっきりと区別してこういっている。

まず、「プリンス自動車工業株式会社は、工場長、課長をして中立人組合所属のプリンス自動車工業支部の組合員に対して、中立人組合の支持を弱めるような言動をなさしめたりしてはならない」とあり、これは当然だった。

ところが、係長・班長に関する次が重要で、「また係長、班長が係員に対し就業時間中に同旨の説得活動をおこなうことを放置してはならない」とした。

要するに工場長・課長は非組合員であるから就業時間中でも外でも不当労働行為であるが、係長・班長は組合員だから、就業時間中(この時間は会社の命令によって仕事をしている)に係員にたいして、たとえば「全国金属にいたら出世しないぞ」なんていうのは、不当労働行為だというわけである。こういうふうに「組合員による不当労働行為」というのが認定された。

これはのちに神鋼機器における組合員職制(第二組合員など)の不当労働行為命令などに発展していったが、ともかく命令面で前進したものだった。

それよりも大きな意味があったのは、日産にたいする申立てを棄却した部分であった。不当労働行為命令は労働者がその使用者にたいしてのみ求めることができるのに、この事件ではプリンスの労働者（組合）が、合併発表があったとはいえ、まだ現実に合併していない日産を相手に求めたのであるから、日産は使用者といえるかという問題が当然おこる。それが「使用者概念」の問題である。

だからこの命令は、「使用者概念」についての命令だった。命令は主文では棄却したが理由のなかで次のように認定した。

「全金が、合併実現後における組合員の地位につき深い関心を持ち、合併後存続する会社との間に交渉を持とうとすることも当然である。また合併後やがて現実に使用者となる会社が、全金の組合員に働きかけることがらについては、労働組合法上使用者と労働者との関係にたつものとして同法上の規制に服せしめるのが相当である」

つまり、合併するという基本的事実があったばあいには、使用者とは現在、直接雇用する者に限られるわけではない。したがって、プリンスの従業員であっても日産の会社にたいして、不当労働行為の申立ては当然できうるということだった。これまで、たたかいのなかでだけ確認されていた「使用者概念の拡大」の内容を命令として明らかにした意義は大きかった。

これは後日談になるが、仙石由人弁護士とこの問題について話したことがある。伊藤忠と安宅産業の合併問題で、吸収される安宅の労働者が伊藤忠にたいして不当労働行為の申立てを、東京都労委にだした。

その労働者側代理人が仙石弁護士であったが、たまたまわたしはそのころ日経連を訴えていて都労委でばったり会った。光洋精工の争議で彼と知り合いだったものだから、プリンスや川岸の事件の申立書、決定、判決、命令など、使用者概念の資料を全部仙石先生に渡していた。仙石先生は全金の資料を使って申立書を書いていた。

都労委で会ったとき、その申立書を手渡され読んだところ、「このように使用者概念は、まさに日の出のような勢いで主流をなしている」と書いてあるが、弁護士先生の書き方の常識というものなのか、「ただし反対意見がある」と書き添えてあった。

その反対の意見の持主として石川吉右衛門先生を挙げていたから、「先生これはどういうわけだ」と詰問したら、「大学のときに石川先生は反対意見だった」という。

そこで、「プリンス事件の命令を書いたのは、どなたか知っていますか」と聞いたら、「知らない」という。実は石川先生だというと、仙石先生は、「へえー、学校で教えたことと全然違う命令をだしているんだな、全金にはかなわない」という話になったことがあった。

後日談はこの位にして話をもとにもどすが、プリンスの不当労働行為にたいする命令を日産側はあまくみて、中労委・裁判所に申立てをしなかったために確定した。

命令が確定したにもかかわらず、その後も組合員にたいする不当労働行為がつづき、全金組合員への弾圧は重ねられた。「不当労働行為をしてはならない」という命令が確定したにもかかわらず、不当労働行為をつづけている時には、命令違反として一〇万円以下の過料の制裁を科すことができることになっている。

その制裁を決定するのは裁判所なので、命令以後におこなわれた不当労働行為一〇件について過料の制裁を科してほしいと横浜地方裁判所に申立てた。そのうちの七件を横浜地裁が認め、日産川又社長にたいして一件につき一〇万円で合計七〇万円の過料をいい渡した。

職制・反全金派が全金脱退工作、全金批判、全金への支持を弱める説得活動をおこなえば、その不当労働行為の責任は会社が負わざるをえない。これをいいかえれば、全金の悪口を一言いえば、日産川又社長は一件につき一〇万円の過料に処せられるということだった。日産川又社長は高裁・最高裁に抗告したが、いずれも棄却された（七四年一二月一九日最高裁第一小法廷で抗告棄却され確定）。

このような決定は、末端職制を通じた不当労働行為、あるいは不当労働行為「的」言動にたいする歯どめとして、広く宣伝活用する必要があると思う。

2　日本信号支部への分裂攻撃と青木六さんの獲得

日本信号（組合員一六〇〇人）では、一九六七（昭42）年七月に執行委員会に突如、全金脱退が提案された。それまでに会社側は、与野工場に「六日会」、宇都宮工場に「三六会」をつくるなど、反全国金属グループを結成して、事前の工作を十分におこなった。

そして、六六（昭41）年秋の支部役員選挙に、書記長をはじめ執行委員に立候補させたが、支部は活動家を結集して全金派が勝利していたので、全金脱退の提案は全金中央、地本、県労評、信号共闘などの支援により、粉砕することができた。

その時不当労働行為の申立てをおこなったが、役員選挙で全金派がおさえたこともあって和解し、その追求をおこなわなかった。その油断の中で、会社はまき返しをはかり「六日会」が中心となり、巧みに改組拡大して、六八（昭43）年には全社的な「明るい未来をめざす会」ができた。会社はこの会を通して支部役員選挙に介入を強め、六九（昭44）年の役員選挙で多数をしめると、支部規約を改正した。

そして、七〇（昭45）年秋の支部大会に全国金属脱退を提案、多数で可決したとして、名称を日本信号労働組合という第二組合を結成し、電気労連に加盟した。

支部の委員長は酒飲み六さんといわれた青木六郎さんで、ぼくより一つ歳上だった。「断固、断固」はいいが、肝腎な下部組織がどんどん、どんどん研修会等の名をかりた企業内教育でやられていることに気がついてはいても、「そんなことといったって、いざとなればストライキはできるだろう」という具合のひと昔前の考え方をしていた。

それで全金の方針は「りっぱだ、りっぱだ」といいながら、じゃあ全金のりっぱな方針で闘争をやっているかといえばそれもあまりやらなかった。そうすると現実には何もプラスにならない。

ところが会社のほうは、「こうこう、こういうことをやって会社が良くなれば、皆さんに還元していく」という一見したところしっかりした具体案をだして、組合員を説得していた。

あとで宇都宮工場で全金の旗を上げた坂本君は、「会社のいう生産性向上運動はよくわかったような気がしたけれど、組合のいい分はさっぱりわからなかった。〃断固たたかう、断固たたかう〃といったって、たたかいがはじまりそうになったら〃ここらで一つ妥結しようじゃないか〃と、うまい言葉を使ってまとめてしまう。そういう組合の態度に反感をもっていた。その意味では、会社と第二組合の方が筋が通っていたと思い、むしろ反全金だった。しかし会社が反全金グループにテコ入れをした時、銭や施設からはじまってあらゆる介入をしたので、これでは第二組合は労働組合ではなく、会社の手先であることがあまりにはっきりしているので、それでわたしは全金に踏みとどまった」ということを、労働委員会で証言した。

ところで、わたしの知っている全金派はほとんど抜けちゃって、酒飲み六さんしか知らなかった。ほかに多少面識があるのもいるが、なんといっても青木六さんはすでに委員長ではなかったが副委員長として専従で残っていた。

それでぼくは青木六さんだけを、口説きに口説いた。電話で一時間ぐらいやり合ったりなんかして、「最終的に一人でもいいから、はっきりした態度を示してくれ」といったら、「私は全国金属に残ります」という文書を、速達でわたしのところへよこした。その時は本当にうれしかった。

青木さんが全金に残ることがはっきりし、七〇人くらいの全国金属を支持する組合員で臨時執行部を選出して反撃を開始した。

それを契機にしてすぐ裁判所に、「支部の大会決議（全金脱退）は無効だ」という仮処分の申請をだした。

これも一つの勉強になったが、そのときの菅原という東京地裁民事一九部の裁判官は、全金の規約を読んで、「全国金属日本信号支部が全金を脱退するとか脱退しないとかいうのは、別に支部が決定しようがしまいが関係はないことじゃないんですか。財産いわゆる金銭の問題については、第二組合との間に争いが起きるかもしれませんが、肝心なことは皆さんたちがオルグをうんと動員して、どれだけ全金の組合員を残すことができるかで勝負が決まるんじゃないですか」といった。

全金の規約を、よく読んでみればなるほどそういうことだった。つまり、裁判官のいっているのは、「全金の支部組織は、支部大会が脱退問題をいくら決議しても、組合員が全金の旗を守るということになれば支部大会の決定に拘束されない」ということだった。

団体交渉の仮処分も通ったが、しかし相手が団体交渉に応じないので、「会社は団体交渉を一日やらない都度、金を払わなければならない」という決定（これを間接強制という）を申立てたところそれがでそうになったので、その直前に団体交渉にも応じてきた。

七〇年一一月には、浦和地裁は組合の申請を認め、「日本信号労組（第二組合）への労金預金を支払ってはならない」という命令をだし、それやこれやでついに会社は支部の存在を認めざるをえなくなった。

また、分裂直後の七〇年の全金組合員の年末一時金が会社の従業員平均に比べて極端に低いこと、従来よりもさらに低く査定されていたので、全金に所属することを理由にした不利益取り扱いの不当労働行為であるとして、地方本部、中央本部とともに埼玉地方労働委員会に提訴したが、七五（昭50）年六月、埼玉地労委は「全金組合員の賃金を低くする差別を禁止する」という命令をだした。

一一月には、その命令は確定し、会社は、命令にしたがって次のような誓約書をだした。

当社は、会社従業員の昭和四十五年年末賞与一時金の支給に際し、貴組合（全国金属）の組合員を貴組合に所属しない従業員よりも不利益に取扱うことによって、貴組合の運営に支配介入致しましたが、そのことについて、ここに陳謝するとともに、今後かかる行為を繰り返さないことを誓約数します。

日本信号株式会社

代表取締役　林　武次

さらに全金中央、地本、支部と協定書も取り交したが、その内容は、「再び不当労働行為をおこなわないよう会社組織を通じて周知徹底させること、与野工場内に支部事務所を設置すること、解決金一五〇〇万円を支払うこと」を会社が約束するということだった。

支部はこの協定書を足がかりとして活動を強化し、宇都宮工場にも二十数人の復帰者がでるところまできた。

3　静かなる団結権侵害と砦としての職場組織

一九六〇（昭35）年ごろまでは、現場労働者とホワイト・カラーとの間に明確な一線があり、従来労働組合の活動は比較的人数も多い現場労働者がリードしていた。

ところが、技術革新がどんどんすすむなかで大量の学卒者が入ってきて、従来の組合運動のナニワブシ的なやり方にたいする不満をもつようになってきた。

この不満を会社側は新入社員教育・技術研修会等の企業内教育を通じてたくみに利用し、その上で六〇～六五（昭35～40）年にかけて組合にたいする介入工作をおこなった。いわゆる生産性向上運動を真正面からとりあげ、社内研修、社員教育で上級団体、上部団体の攻撃をおこない、組合員・支部と上級機関（団体）を切り離す知能犯的な攻撃がめだってきた。

それまでの全金にたいする組織破壊攻撃の傾向をみると、会社の管理職が直接組合員を札束で買収したり、料理屋などで供応する強力犯的な手口が多かった。

また、六〇年代は高度経済成長期で、春闘での賃金条件は労働力不足でどんどん上がっていった。会社はどんどん大きくなって新しい工場が全国各地につくられていった。

そういうなかで全金の各支部の職場は、賃金を要求する組織ではあっても、もろもろの労働者の権利の獲得について、たたかう砦（とりで）を築くというよりは、次第にその姿勢を失うという傾向がでてきていた。たとえば、工場の新設にともなう配置転換ひとつとってみても有効な反撃ができずに終わっていた。このような事態は主として大企業の全金組織の弱点として顕著にあらわれてきていた。

集中・合併で企業が大型化して利益が大きくなれば、労働者への分配率もよくなるのではないかという考え方が、労働者の頭のなかに何の疑問もなくすっと入ってきた。

そうすると労働組合というのは、春闘になれば賃金を引きあげてくれる会社の一部門、一形態みたいな感じになってきた。その考え方は、やはり特に大手企業の労働組合のなかにあらわれてきた。なお今日に至ってもその状態は続いている。

そのことの象徴的なあらわれが、全金プリンス自工支部の敗北であった。

プリンス自工支部七五〇〇人の組織が、たとい労使一体となった激しい組織攻撃にさらされたとはいえ、わずか半年の間に二〇〇人までに激減したことは大きなショックだった。そこでは六五年の一二月に、同じ年の一〇月の大会で全金の方針を確認したばかりの同じ代議員によって、同盟・日産労組の方針が決定され、全金執行部は事実上不信任となった。

五一〜六五（昭26〜40）年にいたる一四年間、波に多少の高低はあったにせよ全金の組合員は一貫して増大してきたが、六五年に減少に転じたことは事態の深刻さを如実に示していた。

このことはこれまでの倒産、クビ切り、ロックアウトといった強力的な攻撃にくわえて、知能犯的な〝静かなる団結権の侵害〟が、ガンの初期症状のように組合内をむしばみはじめていることを意味していた。

全金ではそうした状勢をふまえて、六六（昭41）年に職場に労働運動がないという自己批判にもとづいて、「職場に労働運動をつくるための組織改善政策」を打ちだした。

職場で労働運動がきちっと原則をもってやられていないと、労働組合は単なる賃上げのための会社のひとつの機関に貶しめられて、一度会社がボタンを押せば、組合員みずからの手で全国金属からの脱退でも簡単におこなってしまう。

全金支部には、残念ながら要求を討議する組織はあっても、それをたたかいとる職場組織がなかった。

そこで「政策」では、労働組合が地方議会や国会のような機関運営中心主義に陥っているが、労働組合は本来そういう形ではなくて、一人一人の組合員を職場で結集して、職場でたたかう態勢をとらなければ組織強化につながらないんだ、ということを確認した。

たとえばプリンスでは常時一〇〇人くらいの中央委員がいて、賃上げ要求にしろ、全金本部からのカンパの要請にしろ、そこで大体決めてしまっていた。形の上では非常に統制の取れた組合のようにみえるが、中身は一人一人の職場の意見を積み重ねていって、ねばりづよく要求を勝ち取るなり、組合員一人一人を納得させるなりといった形ではなかった。

そういうことで、いままでの形式的機関運営ではなくて「職場委員会をつくれ」「五人組をつくれ」とか、しかも組合活動についてすべての支部組合員が民主的な討議に参加するために、支部が職場一人一人の組合員の組合活動を保障せよ、とかという方向を打ちだした。

支部の各級機関が、たんなる組合業務の執行、決議機関に陥っている現状を打破し、採決機関をたたかう機関にすることによって、職場にたたかう〝とりで〟をつくろうというものであった。わたしが書いたものがいまでも全金の職場組織強化の基本になっているが、当時かなり大胆な議論を押し進めた。

それからもう一つ、全金は個人加盟の組織なので、産業別単一組合の規約構成になっているが、全国金属労働組合の支部は企業別に支部をもうけており、実態は企業組合の面をもっているばあいがある。

たとえば財政面は従来の企業別労働組合であるけれども、しかし統制権の問題については、全金が直接組合員を指導する権限を持っている。こういう問題点も規約問題で提議された。総括的に全金は強力犯的な攻撃には非常に強いけれども、知能犯的な攻撃には弱いんだということを確認した上で、何とか組織強化をはかっていこうということだった。

その効果は組合員の増大という形でもあらわれた。プリンスで多くの組合員を失った直後に、井関農機という四〇〇〇名以上の組織が加盟してきたし、それから大日本スクリーンという、中国貿易で有名な企業で、全金のなかでは八〇年代に横河電機と並んで超一流が期待される企業が、高度経済成長のなかで入ってきた。

そういう点で、プリンスはやられても組織の強化をはかり、総評総がかりで決戦態勢に臨んだその効果があらわれてきたことは事実だった。これは資料が残っているが、当時の総評の太田薫さんの名前でビラを流すとか、岩井章さんの名前でも流すとか、総評をあげての支援を受けつつ日常の組織活動にも重点をおいたたたかいを展開した。

これで組織の維持強化もうまくいくかと思われたが、逆にプリンスなどの組織破壊の教訓を忘れる傾向がでてきた。せっかくの組織強化の実行が手抜き同然となり、その夢が全金結成以来の主要支部である住友機械において突如として破られた。

4 住友財閥の重工業構想と大がかりな生産性向上運動

総評結成後の大争議は、日鋼室蘭（五四〔昭29〕年）、王子製紙（五八〔昭33〕年）、三井三池（六〇〔昭35〕年）など三井系で占めている。三井は独占禁止法、集中排除法で分割され、その中心である三井物産の統合が大幅におくれたことなどによる。

それにくらべると、三菱系・住友系の争議はわりあいに少なかった。特に総評系で組織された住友（住友化学は合化労連、住友機械は全国金属、別子銅山は全鉱、住友金属は鉄鋼、ただし住友電工は中立労連の全電線）は比較的、労使相争わずというタイプだった。

住友独占資本の労働組合対策は、組合が総評とか全金に加盟していても、経営者との対立関係が悪化しないかぎりは、ことさらことを荒だてないという方針だった。むしろ企業内の組合との間で労使関係を、円滑にすすめるという態度だった。

しかしこの住友の態度も一九六五（昭40）年ごろから微妙に変化しはじめ、七〇（昭45）年代になると国際競争が激化するなかで、三菱、三井に十分対抗できる企業集団の結成をすすめざるをえなくなってきた。

住友の白水会（住友の大企業の集団の社長グループ）などで結束をかためて、本格的な活動がおこなわれてきた。そうなれば、当然総評の方針をこれまでのようにすんなりと受け入れるわけにはいかなくなってきた。

すでに六五年ごろから、住友化学の企業内組合とその上部団体である合化労連との分断策動がおこなわれはじめた。このやり方は決して強力的な合化労連脱退というやり方ではなく、次第に労働組合の体質を変えてゆくという方法だった。同じように、住友の全金・全造船機械への攻撃が徐々にはじめられた。

その背影をみてみると、住友系の最大の弱点は、他の独占にくらべて重工業構想が大幅に遅れていることだった。たしかに鉄鋼・電線・ゴム・化学・自動車（東洋工業）をもち、松下電機も住友の影響があったが、なんといっても肝心な造船とか重機械工業では一歩遅れていた。

そこで住友機械を中心にして、明電舎を支配下に入れ、佐野安ドックを傘下に収めた。そして、六九（昭44）年に住友機械と浦賀重工業、玉島造船所が合併して住友重機械工業ができあがり、重工業構想を推進する要となった。

わたしは六九年の年末一時金闘争のストライキが起こったとき、たまたま住友重機械の新居浜工場にオルグとしていっていた。実はこの時点ですでに会社側の態度が住友機械時代とはうって変わって厳しいものとなっていた。

合併以前の住友機械の賃金相場は、荏原製作所、新潟鉄工、小松製作所、池貝鉄工という機械関係の一部上場企業を基準にして決定されていた。この年末闘争では、これらの企業では十八万～二〇万円ぐらいの一時金がだされていた。

ところが住重では一六万円の回答だった。当然支部は抗議のストライキに入った。支部が、「こんなばかな話はないじゃないか」と会社を追求すると、会社の言い分がふるっていた。

「いままでは荏原とか新潟、池貝、小松など日本国内における産業機械メーカーが賃金、労働条件の比較の基準であったが、今日の住友重機械は、国際競争に対処しなければならないので、そんな小さな全金傘下の会社を相手とすることはできない。これからは石川島播磨とか三菱重工業あるいは三井造船、川崎重工、日立造船、日本鋼管のような超一流企業を基準として考える」

事実、石川島播磨ら同盟系の造船は一六万の回答をだしていた。要するに、会社が大きくなったから、賃金を低くするというわけだった。

つまり住友資本は、組合にたいして、「これからは全国金属傘下の産業機械メーカーにおける労働条件水準を基準とするのではなく、むしろ同盟系のビッグ・ビジネスの労働組合の水準に同調する。そこでとられている労使関係を指向するのだ」という労使関係観を団体交渉の機会に明確に打ちだしてきた。

独占間の競争に遅れをとった住友資本が、住友重機械工業を中心とする重工業構想を打ちだし、それに見合ったパートナー作りの仕あげを図っていることを意味していた。

ところが全金の住友重機支部は、われわれが忠告を与えたのにもかかわらず、肝心な組織の問題でプリンスの二の舞をやっていた。たとえば、住友重機の組合攻撃が加えられる以前（合併以前の住友機械のころ）の、新居浜工場が主力であったころは、そこの組合事務所が本部だったので、組合員と組合幹部が十分に討議する関係にあった。組合執行部の活動を直接に組合員が知ることができ、組合幹部も日常の合理化をふくむ動きに対応することができた。

ところが六九年の浦賀・玉島の合併と前後して、愛知の大府というところに約一〇〇〇名規模の工場、千葉に一二万坪からの工場ができた（組合員は三〇〇名）。それから平塚にも工場が新設された。このような、企業の合併・工場新設等の企業組織の変化に対応して、企業組織の改編に適応する組合組織の変更をおこなった。

結局、どういう組織にしたかというと、本部を東京に移した上、中央執行委員会制度をとって、中央執行委員会を六名程で構成する。そして、各支部の執行委員を対象にしてだいたい五〇人くらいで、中央委員会決議機関を設ける。それがすべての事柄の最高決議機関となった。

組合大会は各支部（新居浜とか東京とか大阪など）の職場委員一五〇名近くでもつ。したがって住友重機支部の委員長は、直接組合員との接触がまったくできないような状況におかれてしまった。大会といっても、あらかじめ職場委員として決まった人が出席する。

臨時大会を開いたにしろ、一五〇名くらいのすでに任期一年の決まった人間によってすべての決定ができる。こうして組合としては非常に簡素化されたやり方になって、職場の組合員と中央指導部とのあいだの断絶が著しくなってくる傾向が、露骨にでてきた。

だから、たとえば職場の組合員の配置転換、出張（機械工場だから、非常に出張が多い）など労働者の権利にかかわる問題についてまったく中央のほうは知らない。事実上、職制と一部職場委員ぐらいでどんどん進められてしまう。東京に本部を移して中央執行委員制度をもつようになってから、組合員のいろいろな権利の問題を組合が直接タッチをしないような形式にして、いろんな連絡についてはビラによって処理するというような形になってしまった。

本来ならば組合の幹部は事を決めるのでも五〇〇〇人の組合員一人ひとりに全部手分けして相談をし解決すべきであるのに、妥結する際でもそういう方式をとらねばならないのに、全くそれに逆行した運営方式に切替え、きわめて簡素化された方式をとった。

プリンスでも六一（昭36）年の村山工場の生産開始によって、二〇〇〇人の組合員が一挙に七五〇〇人にふくれあがったため、組合運営を簡素化した。それまでの全員大会を代議員大会に切り替え、しかも代議員任期を一年とし、組合活動には少数の役員がもっぱらあたった。それが、全金最大の支部が六六（昭41）年四月に全金脱退決議にいたる原因であったともいえる。その教訓が住重で生かされなかった。

会社側もこの点を読んで、当然本社を中心として東京での交渉が重点になっていくだろうと、神田の美土代町に月三〇万円の家賃で立派な組合事務所と会議室を組合に提供してくれた。「そこで交渉しましょう」というわけだった。要するに職場のいろんな問題点は機関を通じて交渉するということになった。大会を開くといっても代議員制度の大会だから、全金の方針もスムーズに決まって非常にいいように思えた。

わたしは住友出身の藤田高敏代議士が、六九年の選挙に再出馬する関係で、選挙運動をかねて新居浜にはしょっ中いっていたが、そこで古い組合員の人に聞いてみると、「新居浜に組合事務所があったころは、たとえば選挙カンパを決定することひとつにしても、組合員一人一人を説得して了解を求めた上で決定した。とくに合理化問題では執行部と組合員の一体性があり、よく話し協議していたが今では形式的になり組合員と執行部の隔りがでている」という。

つまり組合員は社会党だけがいるわけじゃなく、宙ぶらりんもいるし公明党も共産党も自民党もいるんだから、大会を開いて代議員だけで決定をするというわけにはいかないんではないかという。

ところが今度は組織がでかくなり、工場は三つに分かれているというんで、ビラだけの説得で終わる。そのかわりビラはりっぱな活版刷りで、毎朝それを流している。それで民主的な手続きを取っているんだ、というような組織状況がでてきた。

こうした事態のなかで、会社が貫いてきた基本方針が、生産性向上運動・従業員教育・研修であった。六九年浦賀・玉島の合併問題が起こって、会社は合併と同時に、立ち遅れた住友独占資本の進出を図るために、大々的な生産性向上の施策を打ちだした。

社長の岩崎信彦は、「生産性向上をきずなとして労使関係ははじめて成りたち、生産性を阻害するものは人であれ物であれ、企業から排除する」という基本方針を確立し、実施していった。そして、急激に社内研修会や職制の会議、職制教育、従業員教育が大がかりにおこなわれた。もちろん以前からも研修会等はやられていたが、以前は新居浜に本部があるので、すぐ組合でとりあげて会社に抗議をしたり、やめさせたりできた。六八（昭43）年の全金大会でも、これをつぶしたという報告がでている。合併以前にはまだ攻撃が本格化していないこともあって、少数の組合幹部の力で一定程度押えることができた。

しかし、合併後の段階では、もはや、そうはいかない。大がかりな生産性向上運動、従業員教育が職場を総なめにした。そういう中で配置転換や出張などがつぎつぎとおこなわれる。組合員の労働条件の問題について、本部も組合幹部も組合員がどこにいるかわからないような状態だから全く関与できなかった。

こういうなかで、組合員が組合を頼って自分の権利を守るという風潮がだんだんなくなって、事実上職制を頼るなり、職制が組合員一人ひとりの労働条件の相談役になってしまう。そういう状態が職場につくり上げられてしまった。

このように住友重機械の全金支部（五〇〇〇名）がおさえられるだけでなく、全造船浦賀分会（四五〇〇名）、玉島分会（一八〇〇名）もおさえられ、系列である全金日特金属支部（東京・一五〇〇名）、住友重機と直接関係はないが住友銀行が支配している北辰電機（東京・一八〇〇名）などにも同様な攻撃が加えられた。

七一（昭46）年の段階では、全金住友重機支部、富田機器支部、全造船浦賀分会、玉島分会では、かろうじて執行部をにぎっていたが決議機関はすでに反全金・反造船派におさえられていた。日特金属、北辰電機は、執行部まで反全金派におさえられるというところまで事態は進んでいた。

住友の政策はボタンをおせば全金・全造船脱退決議が十分可能であっても、決してはやまった強力的なことはしない方針だった（現に住友化学は、合化労連に加盟しているといっても、組合員二〜三万人中組合費はわずか一〇〇〇名分しか納めていない。そのように事実上合化を脱退しているが、未だ混乱を避けるためにあえて脱退決議をしていない）。

そこで総評・全金・全造船で相談し、このまま放置しておくなら、いずれ、全金・全造船の組織は破壊される。そこで、「座して組織の破壊をまつより、執行部をにぎっている段階で先制攻撃を加えなければならない」という結論をだして、七一（昭46）年七月二二日に、全金本部に総評、全金、全造船、日特金属、北辰電機、住友重機、浦賀、玉島、それに弁護団を加えての対策を講じ、全造船浦賀、玉島分会、全国金属、日特、北辰支部で、一斉に不当労働行為の責任追及・申立てをおこなった。

しかし、組織的反撃は大変困難な実情にあることもたしかだった。

そこで総評を通じて東京、岡山、愛媛、神奈川の県評代表の協力もえて、八月二日再び対策会議をもち、八月五日の対策会議では正式に役員体制と当面の対策をきめた。

第二回住友対策委員会申し合せ

一、日　時　一九七一年八月五日

一、場　所　全金本部

出席者　西川、大野（日特金属）、藤芳、杉本（全金東京）、葉山（全金神奈川）、平井・長谷川・小川（全造船本部）、蛯谷、並河・松尾（総評）、下山（北辰電機）、八条（全造船玉島）、大森・石川（全造船浦賀）、寺川（住友重機）、東城・清水・内藤・岡村・上条（弁護士）、平沢（全金本部）

一、申し合せ事項

1　住友対策委員会の発足

①　総合対策委員会　総評、東京、岡山、愛媛、神奈川、各県評、全金、全造船で構成

②　対策委員会　総評、全金、全造船、浦賀、玉島、住友重機、日特、北辰、浦賀支援

共闘、弁護団で構成

③ 代表幹事と事務局代表幹事　佐竹（全金）、副代表幹事　長谷川（全造船）、事務局幹事　平沢（全金）、大出（全造船）、小川（総評）、幹事　田中（総評）、樋口（全金）、谷川（全造船）

④ 事務局所在地と連絡先　東京都渋谷区桜丘町十五の十一、全国金属労働組合――平沢宛

⑤ 対策委員会のもとに各場所（全造船浦賀分会支援共闘会議）ごとに県評を中心に共闘組織を確立する。

2　当面の対策

① 不当労働行為申立については、その対策を弁護団とともに強化する。そのため都労委対策など共同ですすめる。

② 不当労働行為に必ず、基準法違反、災害問題、職場の要求を積極的にとりあげる組織活動を強化する。

③ 住友独占に対する団交、住友銀行への抗議などの大衆的な活動を展開する。

④ 社会党社労委とはすでに懇談しているが、国会への追求を革新政党の協力をえてすすめる。

⑤ 各組織は住友独占の不当な攻撃の事実、資料並びに各組織の取組み等の一切の資料

を事務局に集中する（会社・組合の発行文書などすべて）。

⑥　八月十日ごろを目標に第一回の機関紙を発行し、教宣活動を強化する。

3　対策委員会のメンバーと連絡先（略）

日本労働組合総評議会、全国金属労働組合、全日本造船機械労働組合、全造船浦賀分会、全造船玉島分会、全金住友重機支部、全金日特金属・北辰電機の文書連絡は当分のあいだ全金本部に連絡。

住友関係弁護団事務所

労働法律旬報社（東城守一、清水恵一郎弁護士　日特金属関係主任）、小島法律事務所（上条貞夫、高橋融弁護士　北辰電機関係主任）、内藤法律事務所（内藤功、岡村親宣弁護士　浦賀分会関係主任）、寺田熊雄法律事務所（寺田熊雄、内藤信義弁護士　玉島分会関係主任）、浦部信児弁護士（玉島主任）

5　住友重機械と全金・全造船の対決

一九七一（昭46）年九月三日、衆議院の社会労働委員会で、社会党の山本正弘先生が、労働省と労働大臣にたいして住重のおこなっている数々の不当行為を証拠を示しながら追求した。

そして、労政局長から、「労働組合内にグループをつくることは労働者の自由だが、その一方に会社が加担すれば不当労働行為であり、自分の意思で労働者が研修へ行くのは自由だが、会社がいかせて思想教育をするばあいは不当労働行為である」という答を引きだした。

そして、ロスアンゼルスのオリンピック大会（三二〔昭7〕年）の一五〇〇米自由形で金メダルをもらった北村久寿雄さんが労働省の役人（公労委事務局長）から住友重機に労務担当重役（常務）として天下りしている事実を、原労働大臣につきつけ、「元労働省の役人であったものが、会社に入ってこのような不法行為をやっているとすれば、まことに遺憾である」とする政府の態度も明らかにさせた。

今考えれば、資本の脱退攻撃をうける時点でたたかいを組織した方が、より多くの組合員を結集したのではないかという感じもある。

労働組合が黙っていれば住重のほうは、あるいは合化労連の住友化学みたいに形だけ組合に残るということで三年や四年はもったんじゃないかとも思われるが、これはいまいろいろな評価があり、議論が分かれている。早過ぎたんじゃないかといわれるが、全金もいまの全金と違って多少は力があったので、一斉に総攻撃を開始した。

浦賀分会では不当労働行為のたたかいをするにしても、全造船としてはその経験がないから、いまでも委員長をやっている正木君が、「ぜひ現実のたたかいについて教えてもらいたい」というので、ぼくがオルグにいって学習会を開く予定だった。ところが、丁度その日に職場の「二八会」（反全造船派）で、石川島の金杉さん（現造船重機委員長）を先頭とした連中が、全造船反対の集会を横須賀公会堂でもつという計画を知った。

それでこっちは急拠学習会を中止にし、三〇〇人を、あわてて神奈川県下の全金などから動員して入口にピケを張り、一五〇〇人の彼らを中に入らせなかった。学習会の予定がとたんに指導に早変わりした。

わたしはピケ隊に、「まだ全造船をぬけていないのだから浦賀分会の統制権で組合員を説得するのは当然だ。もしピケを破るなら、その非は二八会にある」と対決し、ついにその集会をひらかせないという成果をあげた。

いま全造船の書記長をやっている石川君が法対責任者になっていて、反全造船派からだされた大会請求の署名簿をもってきた。「三分の一以上の請求があれば大会を開かなければいけない」という規定になっていてそれ以上の署名が集まっているという。

ところが大会請求の署名を見ると同一人物が書いた筆跡が歴然としている。「それでどうしたらいいか」というので、「こういう違法な大会請求や勤務時間中の署名活動を会社は放置したことなどは、組合への支配介入とみなされる、これは不当労働行為の証拠だ」と指導した憶えがある。

それから玉島分会でも、ぼくは具体的なたたかいで活動家を結集させることにしたが、むざむざ処分をされてはかなわない。そこで、いろいろ考えた末に一番簡単な方法として、労働基準法の一〇四条を使うことにした。

そこには、「この法律に違反する事実があるばあいにおいては、労働者は、その事実を労働基準監督官に申告することができる」ということが書いてある。労働基準法違反というのは刑事罰だから、間違った告訴、告発をやれば誣告罪というのがでてくる。

ところがこれは申告で、そのあとにまたうまいことが書いてある。「使用者は、申告をしたことを理由として労働者にたいして、解雇その他不利益な取扱いをしてはならない」という条項があり、違反者は懲役六ヵ月以下との罰則がある。それで主要な活動家に申告させた。

一番簡単なのは労働基準法第三条に、「信条を理由として差別的取扱をしてはならない」とあるから、会社は全造船機械の組合員という信条を持っている人間にたいして「全造船を抜けろ」という信条の攻撃をやっているのは、これは明らかに「労働基準法第三条の違反である」という申告であった。

しかもこの申告をしたことを理由にして、「不利益な取扱いをすることが考えられるので、貴監督署は十分身分保証をしろ」ということを書かして、一斉に事前に申告した。何でもいいから文書をだしておけば得だというわけで、特にクビの涼しいやつはやれということだった。

しかし一番の問題は、七一年九月末におこなわれる組合役員選挙で、浦賀分会（玉島、北辰、日特、住重でも事情はほぼ同じだった）の執行部はかろうじて維持したが、中間決議機関である委員会が、会社と癒着したグループ＝「民主化総連合」に乗っ取られた。

そこでどうしたらいいかというので、全金本部に内藤功浦賀分会顧問弁護士（前共産党参議院議員)、浦賀分会の石川君とわたしが集まって相談をした。内藤さんはこういうたたかいになれていないらしかった。わたしは、「全造船機械反対派委員全員を統制処分(権利停止)にして、常に委員会の多数派を全造船派でしめろ」というかなりらんぼうなことを主張した。

しかし、分会の統制権の行使を決定する機能を有する機関は完全にむこうに握られていた。それから組合員といってもさっきいったように、三分の二以上は大会請求をするような状況にきていた。大会で執行部を取られたら財産を全部むこうにもっていかれる。財産がなくてけんかをするというのは、たたかいでは一番不利なことだった。

したがって、どうしても上級機関独自の統制権を行使せざるをえない状況だった(全造船としては今まで本部の統制権が不明確であったのを、全金並の統制権発動ができるように規約を改正しておいた)。そこで分会から、まず会社の団結権の侵害について労働委員会への申立てをし、それに加えて、本部の統制権行使について分会がそれに即応する体制をとるよう確認し、全造船本部と分会は直ちに実行にうつした。

労働組合の運営、民主主義、統制権というと、最近の組合幹部は国会、地方議会のようなブルジョア民主主義的運営を考えがちだが、労働組合は資本と対決するきびしい階級闘争の中で存立している組織である。組合民主主義なり団結というものは本来、そのことを前提にして考えなければならない。だから、資本の介入のもとでの多数決運営などというのは本来の組合民主主義とは全く相反する。

まさに、資本から独立し、その介入を排除し、組合民主主義と団結権を守るために統制権がある。しかもその統制権は産別組織の支部だけでなく全金、全造船などという上級機関・団体にも当然あり、むしろ支部より優先しているということも明らかなことだった。

そこで、全造船本部は会社の手先となっている反全造船派＝民主化総連合活動家にたいして片っ端から統制処分をかけた。

そうすればつねに全造船派だけの委員会になり、民連の活動家は代議員の資格を奪われるから、むこうはいやおうなしに、分裂を強行せざるを得なくなるだろうという作戦だった。

その結果、民主化総連合は背に腹はかえられず、ついに九月五日に第二組合を発足させた（当初は三〇〇名）。第二組合が発足すれば組合事務所はもちろんのこと分会財産も完全に手中にすることができる。

そういう形で浦賀のたたかいをやり、玉島もわたしが現地におもむいて溝口清分会委員長とも相談して、ほぼ同様の手順で財産を全部こっちが握って住友資本にたたかいをいどむことができた。

それに引きかえ北辰、日特の場合は、不当労働行為追及という旗こそかかげたが、反全金派の行動を事実上認めるなかで、民主主義（？）の原則にたって役員選挙がおこなわれ、執行部を完全ににぎられてしまった。

こうして反全金派が全金本部方針反対をことさらに宣伝し、全金脱退を決議するという事態に至ったその時点ではじめて全金として統制処分をおこなった。しかし、この段階では、何ら本来の効果が発揮できなかった。

たかだか今後の支部活動の正当性・財産権等の主張のみで、組織活動・団結権擁護の統制機能はおよばなかった。

もとより、両支部とも不当労働行為追及の旗をかかげてたたかいをいどんでいただけに、そのたたかいを中心とした全金の支部としての活動を組織することは可能にはなったが、浦賀、玉島のように組合財産・組合事務所まで完全に握るまでにはいかなかった。

このような七一年の貴重なたたかいの経験をもちながら翌七二(昭47)年、全金住友重機支部の組織攻撃では完全に総敗北をするという結果になった。

住友重機支部は寺川中央執行委員長、新居浜支部の星加文夫支部長、佐雅(さなぎ)孝中執、国会議員の藤田高敏さん、県議の飯尾(いいお)増雄さんという面々が全金派でかたまっていた。

しかし当時のわたしのオルグのやり方が、むしろ全金に好意的な人々を敵にまわすやり方をしたのではないかと今でも反省している。

浦賀・玉島などの経験から、寺川中央委員長や星加新居浜支部長らがうごけば、一人が五〇人連れてきても二~三〇〇名はかるく結集するという単純な考えであった。しかしプリンスの組織と同様に、住友重機機械支部の中執と組合員とは完全に切断され、組合員を獲保することは全くできなかった。

正直にいって、全金は主要な組合幹部を握っていたが、いざという段になって、一人が一人の活動家も連れてこられなかった。たまたまわたしが以前に青婦対策部長をやっていたころ知りあった藤井正剛君という社会党系の活動家が一〇人ぐらいの影響力をもっていて、それでやっと一五名ぐらいの組織を残すだけの結果に終った（七二年八月）。

財産問題についても、住重側は全金脱退をかんたんにすることなく、支部規約にもとづき、正規の大会をもって、法人登記もするというふうだった。もちろん組合事務所もとられるという散々な結果だった。

住友重機支部でも反全金グループにたいし、全金の統制権を発動したが、実際に統制に服せしめるところまでいたらず、反全金派は事実上の活動体＝組織体制を確立してしまった。

ということは、住友重機支部は全国金属の副委員長をだしている全金きっての名門の大企業組合だから、いざたたかいというときになかなかその腹が決まらなかった。何とか話し合いで、何とか話し合いでということをやっているうちに、むこうに完全に包囲された格好になった。

しかも重機の人事部長の兵頭さん（現住友重機常務取締役）は、浦賀、玉島の経験をもっていて、仮処分、不当労働行為の申立てなど全金側の戦術を完全に事前にマスターしていた。そのことも完敗の原因となった。

まさにプリンスの経験を経て、全造船浦賀、玉島では一定の組織と財産を獲得する指導をしながら、肝心な全国金属において「静かなる団結権の侵害」については、極めて不十分な対応しかできなかった。

全金は正面からの強力犯にはかなりの力を発揮したが、六〇年安保の反省にたって日本独占資本が大企業を中心におしすすめている知能犯的な労働組合の体制内化の方策には歯止めをかけることができなかった。

しかし、プリンス・住重・浦賀・玉島・日特・北辰などのいずれのばあいをみても、丸がかえ策は完全に失敗したとみてよい。少数派に転落したとはいえ、相当な力をもっている労働者がふみとどまり、脱退派の組合員にたいして大きな影響力をもっている。

また、そのたたかいを通じて、労働者・労働組合への独占資本による権利侵害と、組織破壊の事実を労働委員会、裁判所、基準局、国会などの場で、白日の下にさらしたことの意義は大きかった。

6　富田機器争議と荒神山での証拠確保

住重では会社側と御用組合に完全にやられて、こちらの財産は取られてしまった。財産争いはおこしたが、勝ち目のない財産争いだった。こちらが第一組合という主張をしたが、プリンスとはかなり事情が異なり、一応訴訟にのせたが和解にしたという経過に終わった。

そういうなかで住友重機の一〇〇%子会社の富田機器（三重地本）の執行部は全金が握ってい

たが、組合員全体の動きをみていると、次の大会（七二年七月）で完全に引っくり返されるという状況だった。そうなると、せっかく持っている闘争資金も、会社御用派に明け渡さなければならない。

プリンスの例でも、労働組合のオルグというのは、演説とか方針問題をめぐっての討議などは非常に熱心にやるが、一人ひとりの組合員に闘争を決意をさせる仕事というのは全然やらない。それと同時に会社御用派の動きにしても一人ひとり細かく摑むということをしない。

だれがどういったとか、だれがどういう動きをしたとか、あそこの職場はこういう動きがあるとかないとかという情報はつかむことができるが、具体的なことを摑まない。たとえつかんだとしても話ばかりで終わった。「大事だから、事実を書類に書いてくれ」といくら話しても書いてくれない。書くことは書いても、肝心な内容が抜け落ちたりしている。これでは不当労働行為が起こっても証拠を摑むことができなかった。

わたしは住重にも応援にいっていたから、事態を知って一九七二（昭47）年一一月に富田機器にのり込み、いままで会社がどういうことをやったかについて、執行部に陳述書を書かせた。

まず執行部の一人一人から内容を聞き取った。そうすると全金に加入してから、住重の後楯があってここ二～三年間に御用派のグループ集団が作られてみたり、それまで年に一度か二度の職制懇談会が定例化（毎月一回）されたり、社長が中心となってスト権投票の賛成率を低下させる方策が話しあわれたり、いろいろな形での不当労働行為の事実があることがわかった。

それをぼくが文章の整理をし直して、本人に書かせた。これは非常に重要な仕事だった。そういう形で執行部の一人一人を口説いていったら、今度は組合員が自分でそれをやりはじめた。そうするともう時効になっていたが、「労働組合運動をやらない」という条件で会社が雇ったという黄犬契約もでてきた。黄犬契約というのは、その当時でもはやらない古い形の不当労働行為だった。

そうして一五〇名近くの組合員のうち五〇人か六〇人くらいを、確実に把握できるところまでいったが、肝心な職制の協力が取れなかった。

わたしは荒神山のそばのたしか平子さんという家にいって一日話を聞いた。そうしたら兵頭住重人事室部長が職制会議にでてきて、「住友の指示によって全金攻撃をやれ」といった事実がばーっと明らかになった。

その話を整理してまとめて、「この内容をひとつ書いてもらえますか」といったら、平子さんは大分考えた末に大きく深呼吸して、「書きましょう」といってくれた。これが決め手で、これで親会社たる住重相手にケンカがやれるということになった。

さらに富田機器は住重の一〇〇%子会社で事実上住重の一部門になっているという動かせない証拠が、関係者との取引きの資料からでてきた。

それでもこっちは多数派を握っていないので、支部ではできないから、中央本部でもっとも悪質な三人か四人を統制処分にかけておいて多数派を握り、どうせやられるなら第二組合をつくらせたほうが御用派を外に追いだしてケンカができるからこっちは有利になると、こういう戦術をやった。これは全造船の浦賀でもやった方式だった。

不当労働行為の申立てはまだ証拠のないころに三重地労委にだしておいたが、はっきりした資料が集まったので、それを弁護士の筒井信隆先生に見せた。その結果国鉄のマル生運動で有名になった労働組合法第七条、要するに「労働組合に支配介入してはいけない」という条項を被保全権利（要するに請求の法的根拠）として「会社に不当労働行為をやってはいけない」という裁判所の仮処分命令を取るという戦術にでた。

普通労働委員会に申立てると一年ぐらいかかるが、労働組合法第七条違反を理由に裁判所に仮処分申請をすればすぐ命令をだせる。これは国鉄マル生運動で札幌地裁でも決定がでていた。

そこに筒井先生は目を付けた。筒井先生は、「会社と住友重機械と両方の不当労働行為を明らかにして仮処分を取って、一挙に勝負を決めて戦局の転換をはかるべきだ」という主張だった。だけどぼくは、「これだけの証拠を握ったんだから労働委員会で勝負がしたい。証人席で一人ずつ証言させたい」といって、かなり二人でやりあったことがある。

ということは以前、森試験機という秋田地本の事件で、地本の書記長の大田信雄君とともにやはり同じ方式で一人一人の陳述書をつくらせておいたところ、彼らのうち何人かが第三組合をつくった（第二組合にはいかないで、せめてもの全金支部の立場を考えた結果）。その第三組合にいったやつが労働委員会に会社側の証人ででてきても、彼が受けた不当労働行為の事実を、ぼくが証拠としてだせる。これをやる気分はすごくいい。

「これを書いたのはだれですか？　あなたの字ですか」と聞くと、「そうです」といわざるをえない。そうなればどうにもならない。それを次から次に切り札として労働委員会でだしていく。これは実に愉快だった。

それから六〇（昭35）年の明星電機（群馬地本）の争議で、不当労働行為では初めて全金の中央・地本・支部が一緒になって申立てをやったときに、組合執行部にドロボウが入ってテープレコーダーが盗まれた。

警察官上がりの組合員がいて、たぶん質屋にもっていくであろうというので質屋を洗ったら案の定でてきた。ところが犯人は第二組合の執行部だった。それで彼を脅かして、本人がみずから書いた第二組合結成の会合のメモを全部取った。

二月一日　前橋市内　あさひ寿司

参加者　木暮（当時委員長）、柴田（当時副委員長）、田村（当時書記長）、沼田、須田、新井（メモの本人）、全労より橘（総同盟東邦亜鉛）

会議にはお酒・えび天・カツ丼が出る。

会議の内容、生産性向上は首切りではないということから、総評高野実の政治闘争批判からはじまり、ピケ破りの相談をおこなっている。

二月七日　山楽荘（伊勢崎一番の高級旅館、明星電気社長の定宿）

出席者　全労本部、大川・橘、木暮・柴田・須田・荒木・高橋弘（現第二委員長）等十五名。

お菓子、夕食（全労より会費）労働委員会では酒も出たと証言。

中央食堂（一月下旬）

木暮等十名ほど、労働委員会では酒とおかずと夕食がでたと証言。

オボロ月（料理屋）一月下旬

メンバーはおなじ、酒、夕食等をした。

広州亭（中華料理屋）一月〜二月

メンバーは十名位　酒、中華料理、このような会合を数回おこなう。

メモはこれ以外に、全金脱退についての理由や、会議の内容が詳しくのっている。それをぼくは労働委員会の決め手にだして、証人尋問をやった。

質、平沢＝このメモにある事実は認めるか、このような旅館や、料理屋で全金脱退の相談をしたのは認めるか。

答、新井＝メモにあることは認める。メモにある場所で会合したことも認める。

質、会合には、お酒や、エビ天、夕食が出ましたか。

答、お酒や、メモにあるエビ天などが出たのは認める。
質、誰がこの金を払ったか。
答、わかりません。
質、このような会合は何回位か、そのつど何がでたか。
答、十回位です。そのつどお酒など出ました。
質、あなたが酒代をはらったことがありますか。
答、一度もありません。
質、不思議に思いませんでしたか。
答、不思議と思いましたが、だれか払うので気にもしませんでした。

更に「前の執行部が全金脱退に努力していることにたいし、総務課が激励した」等の証言もあり、この不当労働行為追求を通じて、ついに四五〇名中一五〇名の第二組合員を完全に粉砕することができた。
そういう経験があったから、筒井先生とやりあった。それに、「おれが集めた資料はおれのやり方で使いたい」といったが、筒井先生は、「これは勝てる」という論争の結果、中央本部の責任（といってもわたし）で七二年一一月三〇日に津地裁四日市支部へ「団結権妨害排除仮処分申請」をだした。

「仮処分の申請」をだしたところ担当の裁判官が、筒井先生の修習生当事の教官だった。その教官だった裁判官の下で審訊手続が開始された。その裁判官は鹿島さんという人だったが、例の三木首相へのニセ電話事件で有名な鬼頭さんと友人関係の人で、自称「労働法の専門家」であった鬼頭の意見を「この事件では聞いている」といっていた。

鹿島裁判官の訴訟指揮は極めて熱心で、私たちに話す内容もよかった。そこで、もっている資料を全部だした。そこでの争点は、被保全権利があるかないかという純法律問題と、会社が不当労働行為をやったかやらないかという事実問題であった。

ところが、被保全権利があるかないかは二つに論争が分かれていた。という意味は労働法七条を根拠に「不当労働行為をしてはならない」という仮処分決定がだせないのではないか、という学説が強かったのだ。

その問題は純法律的問題であるが、こっちは真剣なんだからその点の法律的主張もしたし、どんな不当労働行為があったかという事実もみんないった。

法律的主張もしたし、事実関係の主張もしたから、筒井先生はそれを裏付けるだけの資料がある以上、仮処分決定の中で、「申請人組合の組合員に対して、使用者は課長なりを通じて全金を脱退させてはいけない」という認定が当然示されるという見方をしていた。

ところが、いざ決定を見たら却下だった（七三年一月二五日）。それで、会社側は、「勝った！勝った！」と騒ぐものだから勝訴を信じ切っていた筒井先生としては、三日三晩眠れなかったんじゃないかと思う。事実、弁護士経験三年目で、熱心に取り組んだ争議だけに、「一週間くらい食事もノドを通らなかった」といっていた。

しかし裁判の決定内容をよくみてみたら、親会社の住重の不当労働行為までは判断していなかったが、富田機器が不当労働行為をした事実は完全に認めていた。決定書の理由の中で、「会社は不当労働行為をやめなさい」と決めつけていた。

けれども被保全権利については認めず、この種の仮処分について、「裁判所に救済を求める内容ではない」つまり「なじまない」ということだった。

最近の裁判所の決定ではこの種の「不当労働行為をしてはならない」という仮処分決定をする裁判官が少なくなってきている。これは「被保全権利」という純法律的問題であり、富田機器においても事実関係では完全に勝っていながら、法律的問題で却下されたのである。

たしかに裁判の結果は却下であったことは事実だが、その理由で富田機器の会社の不当労働行為を認めているということは、つまり裁判で負けても運動で負けたわけではなかった。

そこで支部と全金は直ちに反撃をおこなった。会社側は却下の事実を掲示板にのせたが、支部は裁判所の理由の中で会社の不当労働行為の事実を決めつけている内容を掲示板とビラで宣伝するとともに、損害賠償の本訴を提起し、地労委のたたかいもこの決定で力がついてその前後に発生した第二組合にたいしても、ピケやその他で富田支部だけでなく、地本、県評をあげてこのたたかいを大衆的に盛りあげていった。

したがって仮処分ではまけたが、理由で不当労働行為の事実を決めつけているだけに、むしろたたかいの前進につながった決定であった。

こうした裁判所、労働委員会だけにたよらない富田機器のたたかいが前進するなかで、七三（昭48）年のオイルショック以降、全金の支部に希望退職、合理化の攻撃がでてきた。ところが、富田をはじめとして分裂組織というものは、経営者にとっては合理化攻撃が大変しにくいものだった。希望退職を提案しても両組合とも頑張る。そうすると結果的に第二組合が認めて、希望退職に応ずるケースがでてきた。

富田機器のばあいでも、会社はどうしても人員整理をしなければならないといって希望退職を求めた。二つある組合のうち、第一組合はクビを切りたいが、最初から指名解雇をするわけにはいかない。まず希望退職をいってきたが、そのとき応募したのは第二組合の連中だけだった。全会派は一人しか応募しなかった。

二つの組合が、ああいえばこういうということで、会社もまいってしまい、ついに第二組合は解散して、全員が全国金属に加入してきた（七八年一〇月）。

第二組合の解散、全金への吸収という大成果を勝ち取ったことには三重地労委における全面勝利決定が大きく影響した。三重地労委は三人の公益委員で担当する程重要視して審理した。そして子会社たる富田機器にたいしてのみならず、親会社たる住重にたいしても不当労働行為の救済命令をだした。

これは使用者概念拡大闘争における画期的命令であった。

それから富田機器にたいして起こしていた損害賠償事件についても和解になった（七九年三月）。最近はまた住重との間でも別の件で和解をした。

それによって、実は住友重機の会社側からあとで聞いた話だが、浦賀、玉島、住重で全金があくまで抵抗するなら、一斉に住重の子会社などの全金支部を攻撃するという準備をしていたらしい。しかし全金との和解が成立したのでその攻撃を止めたのだった。たとえば広造機、大塚鉄工、日本水力等の関連の企業がたくさんあるわけだが、そういうところの攻撃が停まったという形が現われた。

住重闘争というのは、そういう形で最近和解をした。

X　低経済成長下における闘争

1　高野実の最後の言葉

いまでも思いだすが、一九七四（昭49）年の春闘（オルグの帰りに怪我をして入院したので、直接参加しなかった）のときは三万円以上の賃上げを取った支部も多かった。つまり三〇％以上の賃上げが軒並みに実現した。

その直後の七月に恩師の高野実さん（当時全金顧問）から、「ぜひ一人で病院にきてくれ」という手紙を受けとった。それで横浜の病院に入院している高野さんを見舞いにいった。

七三（昭48）年の一二月に見舞にいったときは偶然、太田薫さんと一緒になったものだから、「今度はお前一人でこい」ということだった。

そこで高野さんがいったのは、こういうことだった。

「七四春闘で三〇％の賃上げを獲得したことによって、今の日本の労働運動の指導者は七五春闘でも〝大幅賃上げ〟の幻想をいだいている。だが日本は資源問題につき当ったのだから、今後は階級闘争が激化する。それも敗戦直後と違って複雑なこれまでにない新たな階級闘争だ。しかし、高度成長の中で賃金闘争のみが労働運動の全てという指導をされてきた組合員が、この複雑で新しい階級闘争の時代をのりこえられるだろうか。全金には戦前・戦後の運動経験者が多くいるので、このことをよく考えて賃上げだけでなく、雇用や最賃、時短など全労働者の共通要求についても、しっかりと対処してほしい」

高野さんはその二ヵ月後の九月一三日に亡くなられたが、酸素吸入をやりながら切々と話をされた。数年来の病にもかかわらず、その情熱が高野さんを生かしていたんだろうと思う。

しかし、その当時はわたしも、七五春闘で五万円要求でも打ちだそうかという鼻息だっただけに、高野さんの容体を心配して、「こんな重病なのに、相変わらずお説教では体にさわるのではないか」くらいの受けとめ方しかできなかった。

いままでも、「いまの労働組合の幹部では新しい階級闘争に対応できないだろう」としきりにいっていた高野さんの姿が眼に浮かんでくる。

太田さんと一緒だったときも、「二万や三万はいつでも楽々取れる」という太田さんの話に、「エネルギー危機で必ず日本資本主義が再編成をしてくるんだから、それにたいする対応を考えなければならない」といっていた。

一人でいったときの最後には、「新たなる階級闘争の本質的な問題をつかんで労働運動を指導できるのは、全金では平沢君くらいしかない。君はひとつ、ぼくの意を体して全金をまとめていってくれ」と大分誉められたことも憶えている。

その高野さんのいったことは本当で、田中内閣は低経済成長に対抗する体制を着々とすすめていた。七三年の一一月には田中内閣の改造人事で福田赳夫が蔵相に就任し、列島改造路線から賃金抑圧を最重点とする総需要抑制政策の方針を打ちだしていた。

そして、本格的な低経済成長のもとでの大型不況が繊維、弱電をはじめとして進行していた。政府が経済成長優先から安定成長への路線転換を明確にしたのは七四年の一二月だったが、その年は戦後はじめてGNPがマイナスを記録し、戦後最大といわれる日本熱学の倒産があった。七五年末には倒産件数が戦後最悪を記録した。

そういう事態を間近にひかえて、われわれ労働組合の幹部が一番だめだったのではないか。不況ということに関しても、「なに、そんなものは一時的なものだ」とたかをくくっているところがあった。六一（昭36）年の不況、六五（昭40）年の不況があっても、日本の経済は強かったという頭をもっていた。一時的ではないにしろ、二、三年たてばどうにかなるという気持をもっていた。

わたしも高野さんから誉められ、高度な労働運動、複雑な階級闘争をやれといわれたが、高度成長時代と少しもその基本的な発想は変らなかった。「今年（七四年）は四万円を要求したから、来年は五万円要求するんだ」と、まだいっていた。現に全金の大阪地本などはそういう決定をしている。

考えてみれば、日本の経済は五五（昭30）年が高度経済成長の開始時だといわれるように、それ以後徐々に立ち直りはじめ、六〇年代の高度成長期には急激な農村の破壊によっても、労働力の絶対的不足を補うことができず、「用意、ドン」でストライキをやれば労働力不足を背景に、大幅に賃金は上がっていった。倒産したって、「おれの会社へこい、おれの会社へこい」という状況だった。

七〇年代の半ば七四、五年を境としてそんな時代とは、はっきりと違ってきていることになかなか気がつかなかった。

2　日本抵抗器争議と婦人労働者の決起

一九七四（昭49）年の九月に、高岡から城端線でいって終点の城端にある、日本抵抗器（富山地本）の争議に参加した。そのときに、組合員と中央幹部の考え方が、「随分違うんだな」ということを感じた。

職場の労働者は、日本経済の進行する事態の厳しさを肌で知っていたようだ。

日本抵抗器は、本社のある城端工場に労働者が四〇〇人、高岡に近い福光工場も合わせれば五〇〇人の会社だが、八割くらいは婦人労働者だった。その婦人労働者のほとんどが、家庭の主婦でもあった。そのころその婦人労働者にたいして、一時帰休がはやっていた。賃金の七〇%を保証して一時休ませるということだが、会社は九月にその提案をしてきた。

全金本部と富山地本のほうは七四春闘で最高の賃上げを取ったときだから、その勝利の勢いで「賃金保証七〇％断固反対、全額保証しろ」ということで組合員を対応させようとした。ところがいくらいったって、家庭の主婦が中心ということもあって笛吹けど踊らずで、結局、会社の提案に押し切られた格好になった。

しかし、合理化というのは飲めばまた次がでてくるもので、次にでてきた合理化案は、高岡の近くにある福光工場の閉鎖だった。城端工場一本にするという内容だった。

ところが、城端工場というのは飛騨の山の麓で、ちょっと山に入ると熊がでるというので、子供が学校の登校、下校のときカラン、カランと缶を鳴らしていくようなところだった。チューリップで有名な福光の方はたんぼの真ん中にあって、高岡に近かった。男の連中は城端工場まで車で通勤できるが、婦人労働者はなかなか通い切れない。そこでようやく、工場閉鎖反対運動が起きてきた。

支部がたたかう態勢になれば、全金や地区労の支援体制がスムーズにできていくものである。婦人労働者が多かったから、そういうこともあってすばらしい応援体制ができあがった。

そうこうするうちに、一一月になると一時金の問題がでてきた。一時金闘争は要求はいくらだしたって、要求だけなら会社は潰れないんだからということで当時で三〇万円くらいの要求をだした。賃金の三ヵ月分くらいの金額だったと思う。

ところが結局福光工場の閉鎖の件が取り引きの材料になって、会社は苦しいんだから一万円の一時金で、その代わり福光工場の閉鎖を撤回するということで妥結した。

これを七五年の春闘が話題になっていたから『週刊現代』が「待ってました」とばかり全国にぱーっと流した。一応は二部上場企業なので、「上場企業で一万円だから、いよいよ来春闘はむずかしいだろう」という資本家側に有利な情報だった。

ところが、福光工場閉鎖撤回を条件にした一時金一万円で一件落着としておけばよかったものを、会社は欲がでて、この際に組合を骨ぬきにしてやれというので、希望退職、クビ切りをだしてきた。

そうすると、いままでは執行部まかせ、幹部まかせの交渉だったが、希望退職となると自分のクビ切りの問題だから、集団団交になって全員が団交の場に臨んだ。そして会社にたいしてどういう質問がでたかというと、「会社が苦しいというからわたしたちは一万円でがまんすることにしたのに、いったい希望退職の金はどこからでるのか。そんな金がだせるのなら一万円で妥協するばかはない」と厳しく追求した。

婦人労働者というのは感覚が鋭いと思った。希望退職をだすというのは予告手当をだして退職金を払わなければならない。「一時金がだせないのに何でクビ切りの金がだせるのだ」という追及だった。

そこで会社側は答弁に窮して、「銀行は皆さんの賃上げや一時金には金を貸すわけにはいかないというが、皆さんの合理化とかクビ切りには金を貸してくれる」ということをはっきりいってしまった。ここで使用者概念が顔をだしたことになる。

しょっちゅう経営者と交渉しているわれわれにはあたりまえの話だが、ところが被圧迫民族である女性労働者にはその話がかっときた。そうなると理論がどうこうではない。そういうことを会社がいったのだからと、今度は鉢巻きをして北陸銀行に押しかけた。

銀行に、「そういうことなんですか」と聞いたって銀行は絶対に、「そうです」なんていわない。そんなことをいったら全金がすぐ国会で問題にするのがわかっているから、「絶対にわたしどもはいいません」と銀行はがんばった。日本抵抗器との力関係ではなんといっても銀行の方が強いから、会社は余計なことをいったといって、ずいぶんしかられたにちがいないと思う。それほどの激しい抗議だった。

銀行がいったおぼえがないとすれば、会社はウソをついたことになり、「ウソをつくとは何事か」と大騒ぎになった。ついに会社は頭を下げて、希望退職は撤回、一万円の一時金は二三万円までになった。

日本抵抗器の婦人労働者は、一時帰休については七〇%の給料で何とかやりくりができると思ったから、全金本部がいくらいっても立ち上がらなかった。一時金一万円にしても、福光工場の再開という条件のもとにがまんして妥協した。

低成長のなかでの資本の攻撃にたいして、雇用以外の合理化という形は経済の厳しさを肌で感じとっている婦人労働者は飲まざるをえなかったが、クビ切りだけは許せなかった。

苦しい家計のやりくりのなかで、子供の教育、将来の生活を考える婦人労働者にとって、それは死活の問題であった。ギリギリのところまで譲歩しているのに、「会社というのは一体なんだ、銀行というのは一体なんだ」ということへの怒りが会社のウソをきっかけとして爆発したのだと思う。

経済が落ち込んでいるなかでの労働者の真剣なたたかいに、指導をする立場としてではなく同じ労働者として学ぶところが大きかった。

3　寺内製作所争議と連結決算

一九七五（昭50）年の春闘では連結決算（子会社の株式を一定比率以上握っている親会社は、決算書を作成する時に子会社の決算内容と結びつけて作成しなければならないということ）の事件がでてきた。

この連結決算の義務づけは、これまで労働組合が追求していた親会社＝子会社の関係を資本みずからが自供したことを意味していた。

その事件というのは、七五年の春闘のとき寺内製作所支部（京滋地本）でおきた。

実は寺内の会社の株の九五％を三菱電機が握っていた。ところが、三菱電機が株の三〇％を、これもまた自分の傘下のトーエイ工業という会社に移し、寺内と三菱電機の強い絆を断ち切ろうとした。三菱としては寺内の株所有をなくして連結決算の義務から逃れ、ひいては寺内を切り捨てようとしたわけだ。

たまたまわたしはオルグで京都にいて、弁護士の古家野泰也先生と別の件で話し合っていたが、その事実を知り、ただちに全国金属京滋地方本部の名前で三菱電機と寺内製作所の両社へ団交を申し入れた。

三菱電機は、この団交を拒否したが、全金側が労働委員会などで追求することを恐れて、とりあえず賃金交渉を解決させるという方針で、三万円の回答を寺内は提示してきた。支部は七四春闘をこの段階で終結させた。

そのあと寺内製作所は、突然会社更生法を申請した。そのことは、連結決算の義務から逃れるため三菱と寺内との関係を清算して、三菱としては金を出さずに裁判所の手によって再建させよう、そして三菱と寺内との関係をゼロにしようという寺内切り捨て政策を打ちだしてきたことを意味していた。

全金中央本部はこの寺内の倒産について、三菱が寺内の株を自分の支配会社のトーエイに移しておいて、そして寺内を倒産させたわけだから、三社が一体であるとして三社を相手に不当労働行為を東京都労委に申し立てた。

もしこの不当労働行為が勝利したならば、連結決算の義務から逃れ、親会社としての責任から逃れるために大独占がいかに中小をつぶすかという点が天下に明らかになるという点で、意義ある新しいたたかいであると、担当の筒井信隆先生と闘志を燃やして取り組んだ。

これが寺内のたたかいを有利にもっていったことは事実だった。

それで現地は大騒ぎになった。三菱のほうは保全管理人（更生開始決定がだされると更生管理人が決まるが、更生手続申立がなされいまだ更生開始決定がだされていない時に会社の管理をするため裁判所から選任される）を通じて労働者のクビ切りをいってきた。

そのときの保全管理人の言い分は、社会党や共産党や反戦の連中のクビを切るんだから、いいじゃないかという提案だった。

支部は、それは憲法違反だと判断して、更生裁判官に文句をいったが、「更生手続は会社更生を目的にしているので、解雇問題は関係がないから別の裁判所でやれ」といわれてしまった。

ところが六七（昭42）年の会社更生法改正のときの全金本部の応接間での法務省と全金の確認では、「保全管理人はクビを切ってはいけない」ということになっている。そういう文書があるし、国会でも承認されていた。

それをもっていって、国会の議事録でもこうなっているのに裁判官は知らないのかと抗議をしたら、裁判官も知らなかった。裁判官にも知らない資料がでてきたものだから、あわてた裁判官は更生廃止決定をするといいだした。

廃止決定をされたら会社は更生できないで倒産することになるものだから、更生申立てをさせた三菱は大変なことになる。その状態で倒産したら三菱の親会社としての責任を免れることはできない。それで三菱側は京都の古家野弁護士を通じて話し合いを提案してきた。

交渉の結果三菱は四億くらいの金をだして、そして更生開始決定をするという労使の協約が成立した。その代わり全金の不当労働行為の申し立ては取り下げるという話になった。

結局金をださずに連結決算の義務から逃れ、親会社としての責任から逃れようとした三菱のおもわくは実現できなかったことになる。会社更生法に関する全金と法務省との約束はそのための大きな武器となった。

そこで次に法務省からその約束を取りつけた経過を話そう。

六七（昭42）年の会社更生法の改正は、主として中小企業問題を討議をするというので商工委員の連中が中心になって審議が進められた。この改正問題については総評や同盟が相談を受けても、「だいたいオーケーだろう」という対応だった。

それで社会党が修正案をだしたが、その中身は、「会社更生法になる直前に抵当権をつけたり、所有権の移転をおこなえば、懲役五年になる」といったような条項の追加だった。

ところが会社更生法になったときは組合がそういう戦術をやるわけだから、総評弁護団の小島事務所の渡辺正雄先生がそれに気が付いて、「これは大変だ」というので、ぼくのところへ相談を持ち込んできた。

総評弁護団でも大騒ぎになり、社会党の代議士に面会を求めたが、でてきたのは田中武夫（当時社会党代議士・故人）先生とか商工委員の連中だった。

あとで聞いたところによると、弁護士で参議院議員をしていた亀田得治先生は、「自分は法務委員なのにまったく相談にあずかっていないので、これはおかしい」と思っていたという。椿繁夫さん（当時全金委員長で参議院議員）も、「自分にも相談がなかった」とあとでいっていた。どっちかというと商工部会の連中が法案を取り上げて、衆議院は通過したが、健保問題が絡んで社会党と政府との折衝がかなり激しく難しくなり、法案を潰す寸前までいった。

それで、時岡検事という法務省の役人から、わたしのところに電話がかかってきて、「何とかしてもらえませんか」というから、「こっちはそんな法律を認めるわけにはいきません」とつっぱねたが、結局話し合いをすることになった。

向こうは宮脇さんという参事官と時岡検事で、こちらは山本博先生、渡辺正雄先生、仲田晋先生それに梅野泰二先生もいたはずだが、全金本部の応接室でやり合った。

一つは保全管理人の権限についての問題がでてきた。今までは会社更生法の開始決定まではその会社の社長が責任者だから、こっちは社長をつかまえて協定書をつくり、開始決定後の闘争を有利に展開しようという考えなのに、保全管理人というのは弁護士がなるし、開始決定までの闘争がおさえられることにもなるので、それで保全管理人の役割は何かというようなことで論議を重ねた。

最終的には、保全管理人は団体交渉の当事者で、賃金を遅配したばあいは労働基準法の違反者として責任を負うということと、保全管理人は絶対にクビを切れないということを確認させて妥協した。

残されたのは退職金の問題だった。法務省の役人は今度の改正で良くなるという。というのは退職金は賃金の六ヵ月以内または退職金総額の三分の一以内のいずれかの多い方が共益債権（更生手続の拘束をうけず、随時優先的に支払われる債権）として保証されるということが明記されたから、それ以外が更生債権（更生手続の拘束をうけ、最優先権がない債権）として後払いになるということだった。確かにこれでもそれまでの法律より保護は拡大されているのだ。

ぼくはしかし、労働債権が一部でも優先権を認められない可能性があるとしたらケシカランことだと思って、「それは絶対認められない。労働基準法違反だ」とわあわあ一人騒いだが、法律家同士ではわかっているらしく、渡辺先生なんか天井を向いたままだった。

社内預金は当初、更生債権として棚上げになるところであったが、改正して全額共益債権にした。ところが、退職金についてはそれを全額共益債権として保証するということがいまだ達成されていないのである。

退職金の問題はそういうことでもめにもめたが、法律ではそうであっても会社と組合で協定したばあいは、勧奨退職や定年退職については全額払ってもよいということになった。

現実的に会社更生手続を進めて行くためには、労働者の協力を得ることが不可欠であって、退職金も支払わないで協力を得ることもできないのであるから、会社更生法手続進行の最優先的な必要経費ということで退職金を事実上、共益債権化とすることが確認された。

これを根拠にしてそれ以降はそのような闘争が進められていった。

そういう確認文書をかわして議事録に残してあるので、それが寺内事件にも適用されたわけだ。それ以後も大阪の田中機械の事件で藤田剛という弁護士が、「退職金は全額は払えないんだ」というから、「それは違います」といってその資料を渡したら、恐縮していた。

原電気の会社更生法のときでも定年退職者の人に、「退職金は絶対大丈夫だ」という演説をした。ところが定年退職者が知っている弁護士に相談したところ、「退職金は三分の一になります」といわれてしゅんとしていたが、もちろん結果的には、わたしがいった通り全額もらえて喜んでいた。

そのほか名古屋精糖だとかいろいろな会社更生法事件で、この協定があることによって退職金の確保をやることができた。

ただし、東洋バルブのばあいのように「保全管理人がクビを切ってはいけない」という権利を確立していても、石川吉右衛門先生の弟の石川泰三管財人に、「クビを認めないと会社が潰れる」といわれ、組合自らが会社再建のために解雇を認めたのではどうしようもない。

このように、日本の労働組合のなかには、いったん勝ち取った権利でも、企業のために自分達の権利を放棄するという傾向がある。このことを一言指摘しておかなければならない。

全金のこれまでのたたかいの貴重な経験を生かした会社更生法改正闘争の成果は、労働争議を通じてすべての労働者にとっての共通財産になっていることを強く感じている。

4　日経連の全金攻撃と雇用保険法の制定

一九七五（昭50）年春闘をひかえた七四（昭49）年一二月に日経連は、「七五年春期賃上げは一五％以下におさえる」というガイドラインを設定して、七四年にたたかわれた国民春闘路線のおさえ込みにかかった。

会員企業にその周知徹底を求め、好況企業にたいしても一五％以下にしろと大企業と、金融機関まで総動員して全国に指示した（七五年一月）。

関西経協はこの日経連の決定・通達にしたがい、加盟の大企業にたいし、秘密文書をもって系列関連企業の賃上げ決定に関して具体的な介入をおこない、労働争議発生のばあいの対策までこまごまと指示した。

ことに、例年の春闘の前段で高額回答をたたきだしている全国金属大阪地本に焦点を合わせ、「金属関係業者労務懇談会」「労働問題研究会」を開催し、大企業はいうにおよばずその系列・関連企業にまで、日経連のガイドライン遵守を強制した。

この露骨な介入の事実をつかんだ大阪地本は、七五年三月には数次にわたる大衆抗議闘争と交渉を関西経協におこなった。その結果四月には、ガイドラインの撤回と個別企業にたいする不当介入を謝罪させた文書をかち取った。

関西経協は文書で、「日経連が賃上げを一五%以下に抑えることを決め、関西経協もそれを確認決定し、大企業の圧力を含め会員企業に指示・指導した」と正式に認め、傘下企業にガイドライン撤回の指示をおくった。

この事態を重視した全金本部は、大阪以外の各県経営者協会の態度を調査したところ、石川、埼玉、岐阜と続々と不当な介入の事実があらわれてきた。

また、数年前から春闘の中核である全金の賃金闘争にたいして不当な介入をしている事実があった。七一(昭46)年の五月には、日経連桜田代表常任理事が七一春闘総括において次のような報告をおこなっている。

全金が昨年につづいて高額賃上げ回答がだされているため全体の空気をかきみだしている。それには三つのタイプがある。第一は、機械メーカーは多く受注生産であるということで、ストによる納期おくれをさけるため安易に全金と妥協して高額賃金を回答し、他業種、他産業に至大な影響をあたえている。そこで全金に攻撃をかけられたメーカーの納期おくれについてできうるかぎりのエクスキューズ(容認)をする。

第二は、全金の猛烈な攻撃にたえかねたと思うが、無配会社が高額回答をして、近隣会社、同業会社に迷惑をあたえている。これでは経営の責任を全うするものであるかどうか疑わざるをえない。そこで、そのような会社に融資している金融筋の協力を望む。

第三は、系列会社に派遣されているサラリーマン重役が、自己の地位保全をはかるため全金と妥協する。これも全金の猛烈な攻撃という点で同情すべき点もあろうが、同業会社の影響を考えるならば、春闘という事態の理解をとくにふかめられ、上級社員の人事管理の配慮をのぞむ。

その経過もふくめ、七五年の四月に総評の市川議長を先頭として全金の高山さん、佐竹さんとわたしは日経連松崎専務理事に面会をもとめ、関西経協と同様の謝罪文を提出するように迫った。わたしも松崎専務理事とやり合ったが、四月一六日に受け取った回答は次のようなものだった。

「大幅賃上げの行方研究委員会で決定した〝一五％以下〟というのは、日本経済の将来を展望し、国と企業と個人がインフレの昂進と不況の深刻化を阻止するため分に応じ、自ら耐乏するというPRをしたもので、決して命令的なものではない。関西経協の回答書は、若干舌足らずの感がある。全国金属の要求した〝賃金は団交で自主的にきめる〟ことについては日経連は介入しない」

全国金属、総評はこの内容に抗議し、ただちに東京都労委に不当労働行為の申立てをおこなった。わたしも審理の過程で意見陳述をおこない、日経連のガイドライン設定の不当性、個別企業への介入の実態を追及した。

最終的には、都労委から和解の勧告を受け、ちょっと珍しいことだが、和解協定が成立した

(七六年七月二日)。その内容は個別企業にたいする不当介入を謝罪するものであった。

和解協定書

申立人　総評全国金属労働組合

同　　日本労働組合総評議会他二十七団体

被申立人　日本経営者団体連盟

同　　関西経営者協会

右当事者の都労委昭和五十年(不)第三十一号事件および同第四十九号事件につき、左のとおり協定する。

一、被申立人両団体は両団体の規約、両団体の構成からみて被申立人日経連が昭和五十年春闘に際して傘下の会員たる個別の使用者に対して提示した賃上げに関するガイドラインはそれら個別の使用者に対して直接拘束力を有する指示、指令ではなく、もともと被申立人日経連の見解を表示した単なる指標に過ぎず、個別企業の団体交渉はあくまで当事者の自主性尊重の原則の上に立って行なわれるべきことを確認する。

二、被申立人日経連傘下会員たる個別の使用者の中には団体交渉において現に右ガイドラインに拘束を受けている旨を答えたものがあることを、本件審査において申立人側がつよく指摘したことにかんがみ、被申立人日経連は、かかる誤解が生じたことにつき、遺憾の意を表し今後このような事態を生じないよう一層配慮する。

三、関西地方における一部の使用者が右ガイドラインに拘束を受けている旨を答えその結果、自主的団体交渉の円滑な進行に支障を生ぜしめた例があることを本件審査において申立人側がつよく指摘したことにかんがみ、被申立人関西経協はそのような事態を生じたことにつき遺憾の意を表し、今後同様の事態の生じないよう十分配慮する。

政府は七四（昭49）年一二月、旧失業保険法にかえて雇用保険法（七五年四月施行）を成立させた。そのなかで、雇用調整給付金の支給を定めた。

要するに、不況で人員整理に追い込まれた企業が、労働者を解雇しないで一時帰休させるばあい、雇用保険法に基づいて三〇〇名以下の中小企業は使用者が支払った休業手当の三分の二、三〇〇名以上の大企業は同じく二分の一を政府が補助するというものだった。これによって、一時帰休の合理化攻撃にたいするわれわれの抵抗の根拠が失われていった。その意味はこうである。以前はたとえば会社が一時帰休をだしてくる。ところが、帰休期間の賃金は会社が支払わなければならない。しかも六〜七〇％では食えないから、団交をやって一〇〇％まではいかないまでも、八〜九〇％の数字をかちとる。そうなると、やはり組合があるから賃金が保障されたということになった。

一時帰休を提案すれば、会社側も自分で賃金の八〜九〇％をださなければならなくなるかも知れないので、経済的には打撃なわけだから、会社も真剣にのぞむし、組合も断固とした闘争体制を組む覚悟ができた。さらに一時帰休の交渉がうまくいかなければ、次はクビ切り攻撃がくるだろうということで反撃する体制をつくる準備ができた。だから自分たちの雇用は自分たちで守るという空気が自然に生まれてきた。

ところが、雇用調整金制度が適用されれば、休んでも、その期間は政府の援助で六〜八〇％以上が確実に保障される。

若い連中にしてみれば、働かないで給料をもらえるわけだから、車に乗って遊ぶ時間もできる。しかも、彼らにとっては、雇用問題はそれほど心配する問題ではない。工場閉鎖になってクビを切られたって、応援した部隊が、「うちの会社に入ったらどうか」ということになるんだくらいの考えだった。

しかも、年配の労働者は、「政府から金を頂戴する」という感覚が非常に強いので、これでもうこの会社はダメになる、賃金を政府から保障してもらうような企業では今後に展望がないと思うらしい。

役所から金をもらうことについては、六二（昭37）年前後の般若鉄工の争議を思いだす。争議が長期化する様相を呈してきたので、生活保護をとることを考えた（東京では争議団の家族に生活保護を適用した実績がある）。

その時にやはり、年配の労働者は解雇されて給料が入ってこないにもかかわらず、「そんな政府の金をもらったら、末代までの恥だ」とする空気が強かった。ただそのころは、いくらでも働き口があったから、籍はそのままで他の会社に勤めながら、組合員としてがんばれた。

話をもとにもどすと、そうした半失業者みたいな気分になっている労働者の気持をみすかして、会社が希望退職をつのればひとたまりもなく櫛の歯をひくように組合員はいなくなっていった。しかも、雇用調整給付金の支給対象は業種で指定された（現在では地域指定もある）。そこで支部は全金本部を通じて関係方面に働きかけるという労使協議の姿勢にならざるをえない。そんな事態になれば肝心な職場の抵抗力がどんどんなくなっていくことは、火をみるより明らかなことだった。

減速経済に入った七四～七五年にかけて、先の日本抵抗器（富山）の北陸銀行をはじめ、解雇反対闘争に立上った日本染色材（愛知）は日本金属工業、昌運工作（大阪、神奈川）は大蔵省、徳島船井（徳島）は船井電機などいずれも背後資本を追求して解雇撤回をかちとった。

倒産闘争でも浜田精機（東京、埼玉、千葉）は三菱重工、北陸機械（石川）丸紅、日本シャフト（兵庫）はトーメン、渡辺製鋼（東京）は三菱、住友などを追求し、たたかいは大きく組織されつつあったが、しかし、雇用調整給付金に象徴される政府の雇用対策によって、労働運動の原則である「職場を基礎とするたたかい」が少しずつ後退していった。

いかに職場を中心とするたたかいが難しくなってきたかを、ひしひしと感じないわけにはいかなかった。

5　合理化攻撃にたいする五つの方針

一九七五（昭50）年に低経済成長に入ってから全金本部としては、説得力のあるクビ切り、倒産に関する方針が必ずしも明確ではなかった。

そこでわたしは、倒産、人員整理などのクビ切り攻撃にたいする反対闘争をいかにたたかうかについて、五つの方向を打ちだした。

その第一は、なんといっても組合側からの先制攻撃が大事であるということだった。

それは一般的には雇用保障協定、同意約款といわれているが、まず、「俺たちのクビを切ったり、労働条件の変更を勝手にやるな」という要求をつきつけ、これを獲得することである。この際、希望退職の実施についても同意約款をとっておくことが大事である。

また、退職金協定に加えて会社に、「①なによりも優先して支払う、②退職金支払いが完了するまでは、会社施設を組合、上部団体が使用できる」という協定をきちんと交しておくこと。

第二は、資本の合理化攻撃は、必ず雇用保険法などを利用した一時帰休、臨時、パートのクビ切り、配転や思想攻撃などをおこなってくるので、まずこれに徹底的に反対し、どうしても帰休などを認めるばあいは、必ず、絶対にクビ切り、合理化などをやらないという雇用保障協定をとっておくこと。

トヤマキカイのばあいは、何回もそういう協定書を取っておいた。一時帰休をだしてくるからその都度協定書をとっていた。もちろん、いざとなったら紙切れ同然だが、しかし、そうすることが労働者の団結の精神的な支えになっていた。

第三は、資本はけっして指名解雇というようなあらっぽい人員整理（御用組合ではいまでもやられている）はやってこない。希望退職をだしたりひっこめたりする思想攻撃にでてくる。

そこでその攻撃を押えるために、雇用保障協定をたてに労働委員会や裁判所に、「組合と協議決定（同意）あるまで、一方的な希望退職（解雇）をおこなわない」という趣旨の申立て、申請をおこなう。

あわせて、労働基準法一〇四条（労働基準法違反についての監督機関にたいする申告）の活用、会社の不当労働行為の追及という具合に、経営者側の解雇通告、希望退職の実施を事実上延期させるような戦術をとり、ともすれば雇用不安におののく労働者の目を労働組合の団結にむけ、断固たたかう体制の確立をはかっていくことが肝要なことだ。

たとえば福島製作所（福島地本）でクビ切りがでそうなときに、「クビを切ってはいけない」という仮処分をだした。それをだして審訊がまだはじまらないうちに、会社が待ち切れないで指名解雇をしてきたところ裁判所は怒って、一発で全員解雇無効の仮処分をだした。

それから、つい最近全金に加盟してきた新興製作所（加盟以前は中立組合・現岩手地本）で千何百名の組合員のうち五〇〇名のクビ切りが通告された。新興製作所労組はあらかじめクビを切るときは「組合と協議決定しなければいけない」という協定を取っていたので、連絡を受けた全金はすぐその日に仮処分に持ち込んだ。

裁判官が会社側を呼びだして、「一方的にクビ切りをしてはいけないという協定があるのにもかかわらず、なぜ組合と十分協議しないで一方的にクビ切りをやったのか」と聞いたら、会社側は、「その協定は存在しない」という。そうすると、その協定の存在をめぐって裁判所の審訊の日程が延びた。

そうなると十一月二十日解雇しなければ会社はつぶれるという従来の会社側の主張が大きくくずれてくるものだから、会社は困って、ついにクビ切りを撤回せざるを得なくなった。

このたたかいは結果的には希望退職ということで二〜三〇〇人がやめていったが、最初の条件とは格段のひらきがでて、みんな喜んで退職していった。

裁判所というのはこういう利用の仕方があるということだ。

第四は、なんといっても労働者の最大の武器はストライキ権にあることに着目し、会社提案と同時に、ただちにオルグ活動を展開して、高率でスト権を確立し、地域、産業別の指導をあおぐことが重要である。

第五は、以上のことだけではけっして労働者の確信は生まれてこない——当該企業の経営責任追及だけでは問題解決にいたらないことを自覚し、背後資本の追及に積極的に取り組むこと。

長い間の思想攻撃や現に操業度が五〇％低下するというもとでは、たたかう条件がともすれば薄れてくるのは避けがたい。そのカベをどう破るかという方針を明確にしなければならない。そのキメ手は最近の全国金属におけるクビ切り、合理化、倒産闘争で具体的に成果をあげている独占資本の背後資本など支配企業の追及である。

これも学者・法律家の書いた論文でいう「使用者概念の拡大」という理論の学習では勝てない。労働者みずからハダに感じる事実をつかんで、その背後資本を追及していくことだが、昌運工作の争議はそのよい例である。

クビ切りがおこなわれたが、たまたま昌運工作の親会社のヤンマーの故山岡社長の相続税の関係で金の代りに昌運の株の五一％を大蔵省が握っていた。一部上場企業で景気が良かったので株を握ったが、ところが株価がどんどん下がっていく。

大蔵省の役人というのは三年くらいたつと担当部署が変わるから、そうするとこんなむずかしい問題は整理されないまま、順に次々と送られていった。

そこで昌運工作支部は、「株の五一％を握る大蔵省に責任がある」という理論構成で、当時の大平正芳大蔵大臣にたいして不当労働行為の申立てをした。

これは新聞にもでたが、そのたたかいをすすめるなかで、ヤンマー資本を追及して人員整理を撤回させた。こういう方向でずっといけば良かったが、残念ながら労働組合は合理化問題が起これば、「自分の業種を雇用安定資金に適用してもらいたい」とか、「職場の抵抗よりも何か他にもっといい手はないか」というように考えるようになってきた。

国民春闘路線が誤まった方向にいき、私自身、筒井信隆先生という若い弁護士の話だとダラ幹になったといわれている。全体の風潮としても、闘争している組合を労働運動の余計者扱いにしているような感がある。

かつてはたたかっている組合が、全労働者の先頭にたっているんだという認識があったのに比べれば大変な違いといえる。

最近は技術革新が日進月歩だから、大会社での合理化反対闘争は、「何でも反対だ」ということではすまされない問題が現実にでてきているが、単なる反対闘争ではいけないわけだが、その基本はやはり職場での団結、抵抗であることにひとつもかわりはないはずだと思う。

6　トヤマキカイ争議と労働運動家の喜び

わたしが書記長（七五年一〇月）になった翌一九七六（昭51）年の春闘のとき富山地本にいったが、事もあろうにそのときに、トヤマキカイ支部に春闘前段の攻撃として、二〇〇名のクビ切りをだしてきた。

こちらが賃上げ要求をだしているのに、七〇〇人のうちの二〇〇人のクビ切りをいってきた。執行部は、「この物価高で労働者の生活を考えて賃上げをすべきところなのに、クビ切りをいってくるとは何事か」とすぐさま反対闘争に立ち上がった。

それでわたしは、支部の全員集会で、「断固たたかえ」という演説をした。とかく、どこの集会でも、いかに大声を張り上げて演説しても、うしろの方はガヤガヤし、また組合員の緊張した顔をみることもあまりないが、さすがに七〇〇人の組合員はこの時、水を打ったような静かさでわたしの話を聞いた。

不況の深刻化のなかでのクビ切りであり、いかに反対闘争の方針が打ちだされていても、現に操業度は六〇％に落ち込んでいて、「これで雇用は大丈夫か、賃金ですら守れるのか」という不安のなかで迎えた集会であった。

多くの争議を経験しているが、このような場面にでくわすたびに、一度企業が不振になれば労働者のクビを切らなければならない「資本の原則」に大きな憤りをおぼえると同時に、そこにはっきりとした階級対立と、労働運動の原点をみることができる。

この集会が終わって、執行部と応援にきた地本、県評のオルグと今後の対策を協議した。そうすると、いま富山県労協の事務局次長で、当時県評の金属担当のオルグをしていた水野さんが、「平沢さん、この争議はむずかしいぞ」という。「なぜむずかしいのか」と聞くと彼は、「トヤマキカイの労働者が郵便局から為替で三万円を送っているのにばったり会って、相談を受けた」という。

つまり、「息子が東京の大学にいっていて毎月お金を送金しているが（その人の賃金は一五～六万円くらい）、いま、会社のクビ切り提案に反対して、もし会社が倒産したら、失業するだけでなく、退職金もふっとんでしまう。ところが不安定労働者に転落しても、ここで希望退職に応じれば、四〜五〇〇〇万円が入り子供の学資だけはなんとかなる。それで希望退職を考えている」と、こういうことだったという。

そこで、「そのような事情もあることを考えて、組合員が立ち上がれる方針をだす必要がある」ということを水野さんはいった。

これは非常にたたかいにくくなった証拠だった。生活水準が良くなり、高学歴社会になってきて、労働者の子供でも大学へ進学するのが当然のことになってきていた。

そのうえ隣りの石川地本の北陸機械支部では、三八年間勤続し定年になった労働者が九〇〇万円の退職金をとりにいったら、その直前に会社が倒産し、退職金の支払われていない事実を組合員は知っていた。

しかしそのときは、背後資本の東洋紡を大阪地本の協力もえて追及して、それまでのもやもやを全部ふきとばしてたたかう方向に指導し、ついにクビ切りを撤回させ、七〇〇〇円くらいの賃上げもたたかいとることができた。

それでも、任意退職者がいるばあいは、会社の提案した退職金手当プラスアルファを支給するということにしたところ、もっとも雇用不安を感じている年配者が数十人退職に応じた。これは明らかに北陸機械の影響だった。

それから一年ののち、七七(昭52)年春闘の最中にトヤマキカイを訪れる機会があった。

駅に車で迎えにきた年配の組合員は、「今年は一万三五〇〇円の回答です」と昨年とうって変わった笑顔であった。

そして支部に着くと、多くの組合員が、「平沢さん、昨年の希望退職には悩みました。もし企業が倒産して退職金も支払われなかったらどうしようかと思った。しかし平沢さんや、地本、県評の皆さんが心配してきてくれて〝ガンバレ、ガンバレ〟と励ましてくれた。執行部も一生懸命に組合員の先頭に立ってたたかっている姿を見て、わたしは労働組合にサイコロの目を賭けた。今春闘の回答一万三五〇〇円は決して高い水準ではないが、労働組合を信頼してほんとうに良かった」と語ってくれた。

この言葉の中にこそ、戦後三〇年間にわたって、労働運動をたたかっていることの意義を見いだし、重ねて労働運動の基礎は職場であり、組合員の一人一人こそがそこでの主人公であることを、あらためて知ることができた。

7　政策制度闘争と全国金属の先駆的役割

戦後の政策制度闘争の特徴は、反対闘争をたたかって、結果的には押し切られても、それをのりこえる労働組合の団結と強化が進んできたことだった。

しかし、一九七三（昭48）年の年金スライド闘争などで成果をあげたことで、それを過大評価し、また石油ショック以降低経済に移行するなかで、労働運動の最大の柱として政策制度闘争が位置づけられたが、その反面、「職場でのたたかいをやっても無意味だ、政府の政策を変えなければならない」という風潮がでてきた。

職場のたたかいと、政策闘争が結合してこそ真の政策闘争路線で、職場でのたたかいが欠ければ、むしろ労働組合の後退につながることを知らなければならない。

全金の対政策闘争で成果をあげたのは、そのほとんどが職場の問題と結合しての政策闘争であったからだ。

わたしは五五（昭30）年にはじめて政策闘争をやった。当時、繊維産業が不況で、それの対策として「繊維機械設備設置法」が国会に提出された。一口でいうと繊維機械を八〇〇万錘におさえ、それ以上の機械を政府で買上げて、繊維産業の安定をはかるということだった。

ところが繊維機械の方は大変だ。当時は輸出産業の花形で、国内で政府が買上げるのでは、輸出の値段はたたかれるし、生産制限、雇用問題に発展する。そこでわたしは、全金の繊維機械業対の豊田織機、津田駒、大阪機工らの支部と新産別の豊和機械、石垣卯一さん（新産別議長・故人）らを集めて、反対闘争をした。

経営者も豊田の石田退三当時豊田織機社長（元トヨタ自動車社長・故人）が中心になり反対し、法案は通過したが審議会を通産省のなかにもうけ、繊維機械の立場もみとめて検討された結果、繊維機械の企業も雇用を安定させることができた。

会社更生法のたたかいの最初の頃、五五（昭30）年一月の参議院社労委で、社会党の阿久根議員の質問に、当時法務省にいた平賀健太氏が「更生法下の労働協約、労働基準法の遵守、未払賃金の支払義務」などを認めた答弁をした。これを足がかりに闘争を拡大したことは前に述べた。また会社更生法の改正案（四二年七月）をめぐって、法務当局と全金（弁護団をふくむ）と、その解釈をめぐって全金本部で交渉し、一定の意見が一致した事項を国会議事録に残したことも述べた。七九（昭54）年の民事執行法の問題でも全金が先頭に立って抵抗して闘争を展開した。

注目すべき賃金支払確保法の制定は七五（昭50）年の三月に、全金出身の藤田高敏先生が衆議院予算委員会で追及した結果だった。

さきほど話にでた北陸機械の労働者が、「三八年間働いて、九〇〇〇万円の退職金をもらえないのは何事か」と。それから浜田精機（七四年倒産）など全金傘下の未払賃金の実態を明らかにして、「全金だけで五〇億の未払いがあるのに、政府の統計が全体で一〇〇億となっているのは間違いじゃないか」と追及した。

当時、タカ派といわれた長谷川俊労働大臣も、あまりに悲惨な倒産労働者の実態にやむをえず、「……ごもっともなご議論でありますが、そしてまたこういう時でありますから、労働省とすれば労働基準監督署がいろいろ動いて解決しているものもたくさんありますが、やはり賃金不払いに対して手当てをするということを制度としてひとつ考えよう、こう思っております」という答弁をし、これがわずか五〇万程度だが、賃金支払確保法が生まれる基礎となった。

七三（昭48）年九月には、住友重機の問題をやはり藤田議員が衆議院社会労働委員会で取りあげて、「不当労働行為、労働基準法違反をやったような企業について、政府の仕事を発注するのはけしからんじゃないか」と加藤常太郎労働大臣を追い込んだ。大臣は、「中労委、裁判所の命令がでた基準法違反企業、不当労働行為企業の規制をする」旨の答弁をしたが、このなかで「中労委」ということをはっきりといった。

裁判所ということであれば上へ上へと最高裁まで逃げられるが、中労委といってしまっては逃げられない。会社側が中労委の命令に不服で、裁判所に異議を申立てていても規制しなければならないことになった。

これ以外に、バルブ労協の不況問題について、渡辺三郎代議士（社会党・全金）を通じて政府の対策を追及し、バルブ業界に機情法（特定機械情報産業振興臨時措置法）の適用をさせるとか、また厚生年金の六五歳引き上げについても八〇（昭55）年一月二四日にいちはやく全金は野呂厚生大臣と交渉して撤回させるなど、いずれも大衆の要求に結びつくたたかいを展開してきた。

これらの政策闘争は、職場労働者の要求と結合して、それを発展させることが必要で、どうも今の政策制度闘争は、学者、政策者中心の運動にかたよっているようだ。

また不当労働行為、裁判闘争でも、もっと世論を盛り上げる必要がある。公害関係の裁判をみてもわかるように一審判決で確定することが多い。それにひきかえて労働事件は、裁判所や労働委員会で命令がでても中労委、高裁とあらそわれ労働者の権利が現実にはなかなか認められていない。

そこまで追い込むには、具体的な不当労働行為の事実をならべたてるなりして、政府、自民党を追及することによって、大臣、政府委員なりの答弁を引きだし、世論を喚起し、現実にみあった法律をつくらせていくことが大切なことだ。

全金はたんに制度闘争のみでなく、労働争議・紛争がおこった時はかならず資本の不当行為を国会・地方議会で追求して成果をあげている。

8 労働運動再生への途

わたしが書記長に就任したのは一九七五（昭50）年の一〇月だったが、その前後から日本の労働運動をやるなかで、どうしても反省しなければならない点がでてきた。

七四（昭49）年に春闘共闘は、国民春闘路線を打ちだした。そこで、「労働者・勤労国民全体の課題に取り組まずして、組織労働者の賃金も雇用も守れない」ということを明らかにした。つまり、春闘は組織労働者の賃上げ要求としてだけたたかわれるのではなく、ひろく国民的諸課題をかかげ、国民の利益を引っさげるたたかいでなければならないと主張した。

日本の労働運動の方向として、国民春闘路線は正しいには違いないのだが、どうも職場の抵抗に重点をおいていないという欠陥をもっているようだった。

表－1　組織労働者

年　度	組合数（組合数）	組合員数（万人）	推定組織率（%）
75年度	69,333	1,259	34.4
76年度	70,039	1,251	33.7
77年度	70,625	1,244	33.2
78年度	70,868	1,238	32.6
79年度	71,780	1,231	31.6
80年度	72,693	1,237	30.83
81年度	73,694	1,247	30.75
81／75	6.3%増	▲1.0%減	▲3.65ポイント減

組合数は増加したが組合員数は減少で小規模の組合が増えた。（78年を底にやや回復しているが）未組織中小零細で労働者が増えているので組織率は低下している。

労働者側は、国民春闘路線を発展させればいいとして、「職場で抵抗しても意味がないんじゃないか」という思想がだーっと流れてきて、それに取り込まれるといった情況がでてきた。

そこで組織労働者の数を「表―1」でみるならば、七五（昭50）年以降減少（八一年から若干増加）、ただし、労働組合数は増加、しかし、組織率は最低の三〇・七%ということだった。

このように組織労働者は減少しているが、「表―2」によれば雇用、雇用とさけばれながら、雇用労働者は実は低経済成長になってから五〇〇〇万（七三年から八一年）も増加していることをしめしている。

戦後の組織労働者数は、一貫してその数を増加してきた。ただ一度、四九（昭24）年から五〇（昭25）年にかけて、いわゆる朝鮮戦争準備のために当時のGHQ（連合国軍総司令部）から押しつけられたドッジ予算によって、大量の人員整理がおこなわれたことがある。

その時五一（昭26）年には、たしか前年に比して組織労働者の減少を示したが、それ以来、たとえば朝鮮戦争後の不況、高

表－2　雇用　中小企業でふえて、大企業で減少、総数は増加、失業も増加（総理府「労働力調査」）

年　月	非農林業		規　模　別			完全失業者（万人）	完全失業率（%）
	就職者（万人）	雇用者（万人）	1～29人（万人）	30～499人（万人）	500人以上（万人）		
73年	4,601	3,585	1,173	1,047	922	68	1.3
77年	4,752	3,738	1,288	1,092	892	110	2.0
80年	5,004	3,941	1,349	1,181	916	114	2.0
81年9月	5,066	4,011	1,357	1,233	912	120	2.1
56.9／48年	10.1%増	11.8%増	15.7%増	17.8%増	▲1.1%減	76.5%増	

度経済成長に入ってからの何度かの不況と倒産の記録があったとはいえ、組織労働者の数は、前年に比して増加をしている。それが、七六（昭51）年六月の調査で減少したことは、日本労働運動の雇用についての抵抗が後退していることを意味している。

組合の数ではどうかというと、組織労働者数とは反対の傾向がでている。七六年六月現在七万三九組合と、前年に比して七〇六組合の増加となっている。（「表―1」参照）

組合数が増加していることを、組織労働者数の減少、大企業における人員削減の事実（たとえば、日立製作所では七三年三月の八万三五四〇名が、七七年三月には七万一五七〇名と減少している）からみるならば、むしろ大企業の組織労働者は、雇用整理が進み、組織労働者から不安定雇用労働者、失業者に転落し、中小企業の労働者は資本の合理化攻撃に抵抗して、自ら労働組合を組織して必死に抵抗していることを知ることができる。

そうすると、学者やら理論家やらが表にでてきて、「雇用保障協定をつくれ」とか、法律で離職者に対するどんな措置を取ればいいかとか、いろんなことをいいはじめた。

現実に抵抗している労働者、労働組合のたたかいをどう指導し勝利させるかという議論より、雇用危機を構造面からのみばかりみて、それの対策論議が中心となってきた。

われわれみたいな争議屋や事件屋はそんな能力ははじめからもちあわせていないので、だんだん労働運動の主流がそちらの方に移ってゆく感があった。

雇用ソウシツというから雇用がなくなるんだと思ったら違って、雇用拡大の意味で雇用創出ということである。そうなると労働運動の原点である、自らの雇用を守ることより、政策によって雇用を拡大するということの議論が中心になる。

対政府政策闘争として輸出主導型から内需拡大という意味で減税・賃上げをたたかい抜き、経済そのものの流れを変えるということで議論、要求することは当然であるが、労働運働の基礎である組合員と家族の生活と権利を守る職場の問題を、ないがしろにするような空気がでてきた。

いったい労働組合は何のために組織されているか。むろん賃上げ、労働条件の向上である。今一つは、わたしが戦後四六（昭21）年五月に総同盟の労働運動に入った時、当時の故松岡会長、わたしの労働運動の教師高野実さんをはじめ多くの先輩から、「経済闘争は妥協できても、クビ切りは妥協できない。そのために労働組合を組織するのだ」と教えられた。

労働組合は一人が万人のため、万人が一人のため、その精神がなかったら労働組合の団結は不可能だ。たとえば一人の組合長のクビ切りに反対してストライキに入り、結果的に敗北して全員が失業するということは、戦後の労働運動や先進諸国の労働運動にはあったことである。このたたかいが破れても、破れても立上がってこそ、巨大な労働運動をつくり上げることができるのだということだった。

くりかえすことだが労働運動、とりわけ日本は企業別労働組合であるかぎり、職場で要求を組織し、それをたたかいとる労働組合の組織をつくることで、その上にたって労働者全体のたたかいに発展させることが重要だと思う。

ところが、石油危機（七三〔昭48〕年）以降雇用労働者は先に述べたように五〇〇万も増加しながら、労働組合側は国民春闘路線といって全労働者、勤労国民とともにたたかうといいながら、組織労働者は戦後最低の組織率におちている。

八一（昭56）年現在で、雇用労働者は四〇〇〇万をこし毎年増加をしめしている。ところが組織労働者は一二〇〇万人台で三〇％しか組織されていないで、二七〇〇万は未組織である。

雇用労働者四〇〇〇万のうち一〇〇〇名以上の企業の労働者七〇〇万台、官公労五〇〇万、あとの二七〇〇万（ぐうぜん未組織労働者数と一致）は一〇〇〇名以下の企業で、三〇名以下は一三五〇万をしめている。実はここに問題がある。

石油ショック以降の労働運動をみると、金属労協（ＪＣ）、電力、私鉄、交通、公労協、公務員と、ビッグユニオン賃金闘争で春闘を終わっているような指導がおこなわれてきた。

その結果、五五（昭30）年春闘が発足して以来、まがりなりにも八〇（昭55）年まで組織労働者の賃上げが、金額は別として率については中小未組織労働者へ、その波及効果を示していた。

わたしは現在中央最低賃金審議委員会の委員をしているが、地域包括最賃の引上率は八〇春闘まで、組織労働者の賃上率を上回っていた。

しかし、八一春闘では組織労働者の賃上げは七~八%であったのにたいし、三〇名未満の企業は五%台、パート労働者は四%台という結果があらわれた。まさに二五年にわたった春闘の波及効果がついに、中小・未組織、パート労働者に及ばなくなった。

したがってこれからの労働運動は、雇用労働者の中で少数派である大企業労働組合のみの春闘であってはならない。

その意味で、多数の労働者が存在する一〇〇〇名規模以下、未組織・不安定労働者も十分視野に入れて、何よりも職場の活動を柱として、賃金・労働条件等をねばり強く取り上げ、労働運動が総ての労働者、勤労国民にたいしてその波及効果をとりもどすために、ここで改めて、労働運動再生の道を切り開く努力をする必要がある。

あとがき

『争議屋』というタイトルのもとにわたしの経験をのべてきたが、産別会議崩壊後の五〇年代から六〇年代にかけて、全国金属はクビ切り反対、倒産闘争、背後資本の追求にと日本の労働運動の先頭をきってたたかった。わたしの話の内容も、正に「切った、ハッタ」の講談のようなたたかいの歴史だった。

ところが一九六五（昭40）年の日産、プリンス合併ごろからは、どうも争議の中心が組織攻撃に対決する全金という印象が強くなってきた。

むろん七二（昭47）年の三井物産、住友銀行、富士銀行の占拠という「東京総行動」のたたかいが、全金の総力をあげて独占資本の中心部にむかってなされ、日本労働運動への新たな課題を提起したし、今日にいたるもそのたたかいは継続されてはいる。

わたしも青婦対部長、業種別対策部長に就任、争対部長、組織部長を経て七五（昭50）年に書記長になったが、どうしても直接争議の現場を指導することが少なくなった。間接的な指導となってきたので、この本の後半では、争議戦術論、組織防衛論、使用者概念拡大論という方向に変わり『争議屋』の表題にそぐわない傾向になったことはいなめない。

わたしと共に全金の闘争を指導されている筒井信隆弁護士は、次のようなことを、ある支部の三〇周年記念誌に書かれたことがある。

「平沢さんは今は全金の書記長なので、最近彼といっしょに労働事件をやるようなことは余りなく、代りに飯田さんとよくいっしょにやっております。飯田さんは貫徹すべき原則と妥協すべき問題点を適格に区別することができる指導者です。その点は、平沢さんもそうでした。自らダラ幹であると公言しながら、第一線の指導に立つと、分裂攻撃に限らず、倒産闘争等々においてもバツグンの闘争感覚を示すのも平沢さんでした。わたしは労働事件の感覚を彼から受領した面が、非常に多いと思ってます。

怒られることを覚悟して言えば、その彼が、最近は偉くなって労働戦線統一だとかの問題で本当のダラ幹と付合わざるを得ない地位にあるのは、本当に残念と思っています。彼は、やはり闘争の第一線で、その秀れた闘争感覚を生かしてほしい、というのがわたしの正直な感じです。

彼は、やはり〝俺が、俺が〟といって第一線に立って指導してこそ、魅力的なのであって、〝労働戦線統一云々〟と演説するのに適しているワケではない」

たしかにこの言葉は、わたしが労働運動に入って三十数年の経験から、当らずも遠からずの感がある。しかし、この本で七〇年以降、「争議屋」としてのおもしろみがなくなってきているのはたんに、わたしが第一線で活躍しなくなったということだけではなく、日本の労働運動そのものの後退のなかにあって、いかにたたかう全金といえども、今日の複雑な階級闘争を指導する力にやや欠けてきていることにも原因があると思う。

真に戦闘的な争議団が労働運動の先頭にたつこともなく、そしてまた争議団があればセクトの集まりのような印象を受ける、たたかう集団が労働運動の主流になっていないことが、今日の労働組合の実態を現していると思う。

たしかに現在のわたしは第一線での指導はしていないが、それでもたまにはかつての争議屋の片鱗を示すことがある。

七六（昭51）年、ロッキード事件が発覚し、たまたま全金石川地本の北陸機械の倒産のとき、その会社の取締役をかねていたのが丸紅本社の矢野茂男専務（機械関係専務）だった。全金は丸紅の責任を追求すべく団交を申し入れたところ、丸紅側は拒否した。しかも佐竹委員長の申入れにもかかわらず、総務部長名での拒否だった。

そこで書記長名で、たとえ拒否するにしろ代表者名で返答しなかったことを抗議し、ロッキード事件と北陸機械の責任を追求するため、三月一五日大衆団交をおこなうことを通告した。

これにあわてた丸紅側は「団交に応ずる、ただし人員は一〇名」という条件をつけたが、全金は当日二〇〇〇名で丸紅本社におしかけた。丸紅側はシャッターをおろし、デモ隊の入場を拒否したが、はば一メートルくらいの通路のみをあけて、そこにガードマン一〇〇名を配置するという体制でのぞんでいた。

わたしは強引に入場する意志はなかったが、全金のデモ隊はガードマンと衝突し、一人一人をゴボウヌキをするような格好で、ついに丸紅本社に突入し占拠するという事態になった。

大衆運動というのはそういうもので、このデモの指揮であるわたしと上条副委員長は、「これでは責任者は逮捕される。しかしこの責任は平沢と上条で負おう。これで起訴されたら労働運動の指導者として名誉だ」と自らにいいきかせ、構内に入るまではデモ隊をおさえる立場が、逆にその先頭に立ち、ついに団交を開催し、丸紅側を謝罪させるまでにいたった。

やはり現場にいくと、昔の血の気がでるのはどうしてもおさえられないようだ。

もう一つは七四年か七五年か忘れたが対政府にたいして全国より動員、三〇〇〇名をかけ各省への交渉（政府・労働・厚生・通産など）と、あわせて背後資本追求の計画をした。

住友重機には、日特、住友重機、富田機器支部と各地本の代表計二〜三〇名の抗議団を送ることにした。ところが豪雨になり労働省に向かう一〇〇〇名の組合員を、つい雨やどりのつもりで、大手町ビルの住友重機本社への抗議団と合流するという方針をきめた。

この抗議団がたちまち会議室になだれこみ、住友重機の会社側をつるし上げるという形になった。これに力をえたのか日特金属支部の大野君が、会議室で応対していた兵頭さんをなぐるというハプニングが発生した。

その直後にわたしも乗り込んで、おさめにかかったが仲々おさまらなかった。どうしても思いもよらない事件やハプニングがおこるが、思いつきの戦術は戒めなければならない。この本で書いてあるように、反戦の皆さんの運動や、学生闘争とちがって労働組合は合法的な立場にたって大衆行動をしなければならない。理くつのない抗議や行動はまずいと思っている。むしろいかなる状況におかれようとも正当な理くつをつくりだしていくことにこそ、争議の醍醐味がある。

しかし、大衆運動というのは、よほど注意をしないと、肝心なわれわれの要求貫徹に寄与するどころか、資本の側にとって飛んで火に入る夏の虫になることがある。

労働運動にたずさわるものは、いついかなるときにも、官憲、暴力団、会社側からの弾圧があっても、これとすぐにたたかえるようにすると同時に、決して挑発にのらないとする心の準備をしておく必要がある。

敗戦直後と異なり、今日の日本は進んだ資本主義国となって、それに見合った警察力が完備している。この本に書かれたひとつひとつの戦術なり戦略が、今日にそのままそっくりあてはまるとは思えない。しかし、その戦略・戦術の底を流れる〝争議屋魂〟とでもいったものは、労働組合運動にとって不滅のものであろうと思われる。

＊

最後になったが推薦文をお寄せていただいた石川吉右衛門先生、高山勘治氏、更にわたしと対決する相手にもかかわらず推薦文を頂いた兵頭伝氏に感謝するとともに、この三十数年の間、争議を共にたたかいかつ喜怒哀楽を一緒にした労働者の皆さんと、この本作成と資料提出に協力された多くの皆さんに深甚の謝意を表しておきたい。

本書が、資本の合理化攻撃とたたかう労働者諸氏に読まれ、益するところがあれば望外の幸せである。

一九八二年五月　　平沢栄一

＊推薦文――

石川吉右衛門――東京大学名誉教授・中央労働委員会委員

相手側としては手強いが、人間としては愛すべき男、自らダラ幹と口ではいうが、本当はそうでない男。そんな平沢さんが、あるいは恐れられあるいは頼もしがられる全国金属の指導者としてものした、体験談・反省録ができあがった。組合側・使用者側の人々だけではなく広く一般読書人の共感が得られ、考えさせられることが多いに違いない。

兵頭伝――住友重機械工業株式会社常務取締役

その激しい争議戦術で経営者を震撼させただけでなく、「使用者概念の拡大」にみられるように実践から編み出した創造的かつ先駆的な実務的法理論を武器にした争議指導は、つとに有名である。そうした貴重な〝争議屋〟の記録が世に出たことを喜ぶとともに、経営側で労務を担当する者の必読の書として推奨する次第である。

高山勘治――総評・全国金属労働組合中央本部委員長

書記長の平沢君は、どうも争議・組織問題・法廷闘争などが好きで、本来の書記長の業務になるとブツブツいいながらやっている。地本・支部から紛争などの相談が持ち込まれたりすると実に生き生きとその応対に追われながらも対策に余念がない。この〝争議屋〟の内容をみると正に平沢君の面目躍如たる感がうかがわれ、興味津々たるものがある。

付論　倒産反対と使用者概念の拡大…………平沢栄一

（全国金属組織部長）

1　深まる不況局面

東京商工興信所の発表によると、本年（一九七四〔昭四九〕）九月だけで、企業倒産数は九三一件、その負債総額はこれまでの最高といわれ、一八九一億円以上に達している。

この企業倒産に加えて、弱電・繊維・自動車などの業種からしだいに全産業にひろがりをみせている帰休・操短・工場閉鎖・賃下げ・遅配・人員整理などの合理化攻撃は深刻なものになっている。

わが全金関係の倒産の傾向だけをみても、東京・埼玉・千葉に工場と五〇〇名の組合員を有する浜田精機支部に対して、本年七月二六日、会社更生法の廃止決定を理由に、七月分賃金・解雇予告手当はもちろん、一人平均三〇〇万円（総額一五億円）といわれる退職金すらも支払わずに、全員解雇が通告されている。春闘以後だけでも十数社が倒産し、毎週、各地本から倒産攻撃の報告が中央本部にきている。

これらの倒産企業のほとんどは、浜田精機と同様に賃金・退職金という労働者の最低の権利すらふみにじっている。また政府は、これに反撃してたたかう組合員の健康保険をも雇用関係が切れたということで取り上げるという暴挙をすら行なっている。それに加えて操短・解雇・帰休などの合理化攻撃は、ほとんどの支部に波及しようとしている。これはたんに全金のみではない。私鉄総連でも未払い賃金が四〇億円を突破している。まさに容易ならない状況といってよい。

この深刻な不況と合理化攻撃は、かつての高度経済成長時代の一時的な不況合理化とは質的に異なっている。昨年（一九七三）の石油危機、そして国際的インフレのなかで、独占資本は、従来の高度成長一本ヤリの軌道の修正・転換をせまられている。そして、いまおこっている倒産・合理化攻撃、スクラップ・アンド・ビルド政策は、新たな産業の再編、そして海外への帝国主義的な進出と投資というなかで、その活路をもとめようとして政府・独占がもくろむ労働者と勤労国民への攻撃である。

それだけに、これとたたかう労働者と労働組合の方針も、従来の経験・戦術、すなわち高度経済成長のパターンにのったたたかい方ではけっして勝利することはできないし、この新たな独占とかみあう労働者と労働組合の方針を樹立する必要がある。

全国金属は、昭和二八（一九五三）年一〇月山中大会で、その組織を、金属産業の労働組合のなかで唯一の産業別労働組合とする組織改革を行なって以来、とくに倒産闘争においては、会社更生法のたたかいを皮切りに、一貫して取り組み、ひとり全金のみでなく、総評はもちろん同盟系の組合にまで、全金の倒産への対策は高く評価されている。しかしその本質は、倒産・工場占拠・長期闘争対策・対裁判所闘争を通じ、高度成長・土地の値上りということをたくみに利用した戦術であった。

だから私は、本年九月に開催された全金大会で「今までの不動産屋的倒産対策では、今日の倒産・合理化攻撃には対決できない」と明確に指摘し、こんにちこそ独占とかみあう決意と戦術を二二万組合員が総力をあげてあみだす必要性を訴えた。

そこで、独占とかみあう戦術の一つとして、一九七〇年三月二六日、仙台川岸闘争のなかで仙台地裁が明らかにした使用者概念の拡大こそ、これからの労働者と労働組合のたたかう一つの方向になると思われる。

2　ドッジ・ライン当時の倒産攻撃

私がはじめて倒産攻撃に直面したのは、昭和二四（一九四九）年から二五（一九五〇）年にかけての、朝鮮戦争準備のため占領軍・政府によっておしすすめられたドッジ・ラインによる攻撃である。

当時私は、関東金属労組（現全金東京地本）の北部地区（東京の練馬・板橋・北・豊島・文京区）オルグを担当していた。そこで、わずか六ヵ月のあいだに、北部地域四〇〇〇名の組合員が一〇〇〇名を割るという、すさまじい倒産・合理化攻撃を経験した。いま私が思い出す支部だけでも、東京の板橋区前野町の一角、二キロ四方内だけで、日本重工八〇〇名、京北電気四〇〇名、パイロット精機四〇〇名、シグマ工業三〇〇名、荻田伸鉄、トキワ産業などでいっせいに倒産・全員解雇の通告をうけ、実施された。このほか北区でも東京製作、帝国ノコギリ、練馬区の朝比奈ミシン、文京区の東洋時計で倒産・解雇が行なわれている。このドッジ・ラインの犠牲者は一〇〇万名に達したといわれ、それに加えて、職場の活動家はレッド・パージで追放され、日本もあの朝鮮戦争に突入していったのである。

このドッジ・ラインの犠牲者が、朝鮮戦争がもたらした軍需景気によって、臨時工・社外工・下請けの労働者として雇い入れられ、わが国の戦後における低賃金構造を形づくり、労働者を差別・支配する基礎をつくりあげている、と私は考える。

現に私の近所に、日本重工の執行委員で解雇されたうでのいい仕上げ工の労働者がいる。彼は解雇後、石川島の臨時工として就職した。ほどなくそこを首になり、職さがしに苦労した末、ようやく新たな会社に本工で採用されたが、その会社が倒産、彼はそのつど新しい会社にゆくので、賃金は上がらず、すでに五回ほど会社を変えている。

現在、五〇歳を越しているが、いまもって日本重工の寮でがんばらざるをえない。彼は「今この歳で労働運動をやれといっても組合すらつくれない。全金のような大きな組合が私たちの老後、年金などをたたかってほしい」と、その将来の不安を訴えている。私はこんにちの倒産・合理化をみると、あのドッジ・ラインの当時を思い出すのである。

朝鮮戦争によって立ち直った独占資本は、朝鮮戦争後の不況を利用し、独占資本の正体を明らかにし、弱小資本の支配にのりだしてきた。昭和三〇年代の初期は会社更生法などを利用して資本の集中をはかったが、それでも独占の姿がしだいに正面に現われ、労働運動のなかで雇用者概念が問われることになってくる。

たとえば杉並区にあったミタカ電機では、ラジオの生産と販売を行なっていたが、三〇年代になると、大手企業と東芝との系列化・下請け化がすすめられ、自社製品とまったく同じラジオに東芝のネームをつけて東芝に納入し、それが自社製品と市場で競争するという事態を生み、しだいに東芝のシェアが拡大し、自社製品の売れ行きがにぶくなり、テレビブームのなかで倒産した。群馬の三共電器の場合でも、自社製品の電気洗濯機・電気釜の売れ行きがとまり、系列化により、自社製品に日本電気・富士電気のネームをつけて納入している。また、東京南部の光伸社では東芝の電気釜をつくるというように、企業の自主性がなくなり、下請け・系列化がすすめられてきた。すなわち、企業・法人格を利用して超過利潤搾取体制がつよまってきた。

3　資本集中と使用者概念の拡大

この時期に、昭和三一年～三二年にわたってたたかわれた東京亜鉛（現川崎鋼板）争議は、全金がはじめて、直接雇用している東京亜鉛だけでなく、東京亜鉛を支配下において自社の労務政策・労働協約をおしつけた川崎製鉄を、合理化の主役であるとして追及したたたかいであった。また、先にのべた光伸社でも、電気釜が全国に普及したのち、東芝はその生産の調整、いいかえれば光伸社への電気釜の発注の停止を行なったために、東芝はなんら損害はないが、光伸社では従業員に首切り合理化がでて、争議に入っている。この争議は、従業員の大半が主婦と女性で、当時東芝社長であった石坂泰三氏の自宅におしかけ、奥さんに陳情・交渉して、それが争議の解決をみたといわれている。

会社更生法下で、全員解雇反対の長期闘争に突入していた日本バルブの場合も、その親会社である中山製鋼と交渉して、その争議を解決している。このような傾向が三〇年代初期からでているが、まだ組合も十分な力量がなく、背後の独占と協定を結ぶとか、使用者概念の拡大といった理論的な取り組みもなされていなかった。

それが昭和三五年、高度経済成長に入ってから、使用者概念の拡大問題がクローズアップされてくる。昭和三四年の各企業の自己資本比率は六〇%をしめていた。それが三八年には二〇%〜三〇%におち、四四年には一七%になっている。この事実は、高度経済成長のもとでの独占の集中・支配体制の確立をしめしている。その結果、昭和三八年ごろの各企業は、①企業の自主性がまったくなくなってくる、②借入金・増資などで企業のなかでしめる金利・消却費が増大、③企業の合併・集中・系列化が容易になる、④倒産も独占の操作で行なわれる、ということが明確になってきた。

したがって、三六年以降の争議・倒産闘争になると、全金としては背後の独占に対するたたかいを組織するようになった。昭和三六年の目黒製作争議では協和銀行、川崎航空、般若鉄工支部では北陸銀行、不二越精機支部では蝶理（商社）、大和電気支部では伊予銀行、東京堂鋼機支部では富安商社（商社）への抗議デモ・交渉が行なわれ、これら背後の独占が争議解決に大きな役割を果たすなかで、昭和三六年福井彫刻支部争議では、会社を事実上支配している福井精練と団交し、協約を締結し、争議を解決している。

この協定は、全金の歴史ではじめての、直接雇用していない背後の使用者との協約である。とくに昭和三九年の、東京発動機支部の会社更生法下の全員解雇反対のたたかいでは、富士電機を代表して独占側が全金本部をたずね、争議の解決をもとめるということも現われてきている。

4　突破口を開いた全金プリンス

四〇年代になると、日産・プリンスの合併、三菱三重工の合併、住友重機・浦賀重工、川崎重工業、八幡・富士の合併と、完全に独占による企業の支配体制が確立され、日本株式会社という名称すらできた。まさに四〇年代の倒産・合理化・組織攻撃のなかで、労働者の生活と権利を守るたたかいを組織するには、これら独占と正面きったたたかいの火ぶたをきらざるをえなかった。

その突破口をひらいたのはわが全金で、それは日産・プリンス両社合併による全金プリンス支部への組織攻撃とのたたかいであった。全金は、このたたかいではじめて、東京都労働委員会に、直接的な雇用者でない日産自動車を不当労働行為の当事者として救済命令をもとめた。この申し立ては残念ながら棄却された（プリンスの会社の不当労働行為は認めた）。しかし、命令は、合併という事実があるのだから、日産は当然、全金の不当労働行為の当事者（使用者）であると判断している。すなわち、その命令のなかで、「労働組合法第七条にいう『使用者』とは必ずしも現に当該労働者を雇用している者に限られるわけではなく、その者との間にやがて雇用関係の成立する可能性が現実且つ具体的に存するものもまた使用者と解すべきである」と、日産は労組法第七条の『使用者』にあたると判断している。

従来、とかく労組法第七条の「使用者」の概念は、現に雇用契約を結んでいる当事者のみをさす、と狭く解釈されてきたが、都労委が直接雇用関係のない者について、正面から当事者適格を認めたことはきわめて注目すべきで、四〇年代の独占の集中化・合併・倒産・系列化・切り捨てなどが行なわれているときに、労働委命令が使用者概念を広げた意味は大きく、やがて法曹界にまで使用者概念の議論をよびおこす原動力にもなったのである。

5　川岸闘争の決定的意義

このプリンス闘争につづいて、使用者概念の拡大について決定的な闘争になったのが、川岸仙台支部の工場閉鎖・全員解雇反対闘争である。

川岸闘争がはじめから、日本労働運動の使用者概念への決定的闘争、七〇年代の独占とのたたかいの方向を切りひらく大闘争になるとは、だれも予想していなかった。当初全金本部としても、東北の一角の中小企業の倒産・スクラップ政策に反対する一般的な反倒産闘争として指導した。

ところが組合員の解雇は、その月の賃金はもちろん退職金をも支払わない乱暴な解雇であった。そこでこれらの労働債権を確保するために会社の内容を調査したところ、たいへんな事実が明らかになった。川岸工業という会社は、資本金三億円で二部上場であるが、その従業員は二〇〇名たらず。仙台・千葉・徳山・大阪・九州の各工場は別会社で、その従業員は川岸工業の従業員になっていない。仙台工場は仙台工作株式会社という資本金五〇〇万程度の会社で、その持株のすべてが川岸工業の所有するところであった。

支部の名称も川岸工業、組合員のもっている名刺も川岸工業の社員、各工場の組合で川岸共闘をつくって川岸工業と交渉している。全金本部が、会社解散時点で、この川岸工業と仙台工作の支配関係をつかんだ。しかしこの時点でも、川岸工業を相手に法人格否認の法理をかちとるたたかいになるとは思ってもいなかった。ただ、仙台工作の不動産はまったくなく、いっさいが川岸工業の所有であったこと、また未払い賃金・退職金を支払わないために、支部は有体動産の仮差し押えを断行し、労働債権の確保戦術にでたことが、法人格否認という三・二六判決を生みだす結果になった。

つまり、財産として、たんなる一工場にすぎない会社（仙台工作）であったことが、法律面でも思い切った親会社との勝負に出ることができた一つの理由であった。

はたせるかな川岸工業側は、みずから「第三者」と称して第三異議・執行取り消し訴訟を提起し、実際は「当事者」として支部側の相手方になって、わが全金に対してその姿を現わしてきた。

これに対抗して全金側も、未払い賃金の支払いを求める仮処分申請を川岸工業に対して行ない、一方、解雇について、宮城地労委に川岸工業・仙台工作の両社を相手に解雇の取り消しを求める救済を要請した。かくてプリンスのときの都労委につづいて、背後の独占を使用者とするという判断を裁判所が下す結果になった。

このたたかいでは、全金・支援共闘はけっして法律論にはこだわらず、親会社の支配・一体性の事実を一つひとつバクロするなかで、ついに一九七〇年三月二六日、仙台地裁は全金側の主張を全面的に認め、「法人格否認の法理」を適用し、あの歴史的な勝利の判決と決定をかちとったのである。

6 震憾する独占資本

この仙台地裁の判決と決定は、支部組合員の未払い賃金・退職金せいぜい二〇〇〇万円程度のものを川岸工業に請求できる権利があることを明らかにしただけのもので、争議そのものの根本解決にはならない内容であった。にもかかわらず、現地の新聞・マスコミはもちろん、『朝日』『毎日』『読売』などの全国商業紙に五段ぬきで「親会社への賃金請求を認める」と報道され、また『日経連タイムス』は、同一九七〇（昭和四五）年四月二日号でかなりのスペースをさいて、会社側の三島弁護士が反論している。この事実は、川岸三・二六判決がいかに独占資本の心胆を寒からしめたかということを証明してあまりある。

はたせるかな、この判決を契機に、裁判所・労働委員会のなかで、川岸判決を支持し、直接雇用関係のない親企業を使用者と判断する意見がしだいに多数をしめてきている。

たとえば一九七一年八月二〇日宇都宮地裁は、全金栃木精機支部組合員の退職金債権について、親会社の関東精機株式会社への仮差し押えを決定、七二年七月一日大阪地労委の大豊運輸事件における命令、七三年二月三日の福井地裁の全金中坊支部森義雄委員長（福井鋳造株式会社社員）の解雇について親会社の中坊鉄工鋳造株式会社への地位保全仮処分決定、徳島地労委昭和四七年（不）第七号事件の全金徳島船井電機支部の親会社である船井電機株式会社の団交拒否についての徳島地労委の命令、福岡地裁・高裁での全金丸五直方支部に対する会社側の妨害禁止仮処分事件における仮処分決定、京都地労委昭和四六年（不）第一五号の全金伊原工作支部の解雇について、精算会社である伊東工作ならびに親会社の日之出水道機器株式会社への原職復帰と賃金支払いの救済命令などがそれである。とくに全金丸五直方支部に対する仮処分事件では、使用者側からも親子会社は一体であるという主張すらでている。

7　独占への闘いは広がる

しかし、独占のもっともおそれているのは、このような裁判所・労働委員会の判決・命令ではない。川岸判決を契機に、この判決が示したことを、労働運動の実践面に活用されることである。はたせるかな、わが全国金属がそのたたかいののろしをあげ、それが全国の労働者と労働組合にひろがってきた。

川岸判決からわずか四年、その間わが全金だけで、三井物産・住金物産・日本鋼管・丸紅・静岡銀行・福井銀行・神戸製鋼・神鋼ファドラーなどのわが国の有力企業・独占と全金が直接交渉し、事実上使用者として譲歩をかちとり、多くの争議・倒産・組織攻撃の解決をみている。

全金の独占に対する追及は、この一年間だけみても、中立組合であった東京機械労組が会社解散、新会社への再採用という提案を受けて、全金に指導をもとめて、全金の指導のもと東京機械を支配している丸紅を交渉の場に引きずりだし、勝利のもとに解決して、組合員四〇〇名全員を全金に加盟させた。

富山の北極富山支部は、大阪地本の協力のもと、住金物産・北極本社にたたかいをすすめ、それらを当事者として工場再開・全員雇用を裁判所の和解協定でたたかいとった。また大阪地本の鋼管商事支部は、わずか三〇名の小支部であるが、大阪地本にささえられて暴力ロックアウトとたたかうなかで、日本鋼管の系列・下請け企業に対する労務政策をバクロし、ついに大阪地労委の和解協定で、日本鋼管という独占資本を代表する企業から全面謝罪をかちとり、当事者として和解協定に調印させた。

秋田地本の秋田金属支部では、同会社を支配している川崎重工・日本鋳造・日本自動の各企業を追及して、組織攻撃と合理化案を撤回させた。愛知地本の大和通信機支部も、かたくなに団交を拒否していたコロムビア本社に対し、東京地本の協力で抗議行動をつみ重ねるなかで、ついに団交に応じさせ当事者として争議の解決をかちとっている。福井地本の堀田製作支部では福井銀行を当事者として、京滋地本の三豊工業は神鋼ファドラーを当事者として争議の解決をかちとっている。

現在も浜田精機—三菱銀行、日本ソフトウェア—富士通、富田機器—住友重機、金産自工・沢藤電機—日野自動車、本山製作所—富士銀行・東洋エンジニアリング、日本造機・久保長機械—興産信用金庫、米村鉄工—成光産業、徳島船井—船井電機などは、その企業を実質的に支配している企業に対して、大衆行動による追及の手をゆるめていない。そのなかでいくつかの支部では、解雇をめぐって背後の企業との交渉が行なわれ、解決について明るい見通しさえでている。

これは全金のみではない。川岸判決の翌年、総評倒産対策委員会で、川岸判決の意義と使用者概念の拡大について、私は説明をもとめられた。そして一九七二年の「総評合理化対策委員会」で私は、川岸判決の意義として労働運動での実践を主張し、それが取り入れられ、東京を中心とする争議団と東京地評・総評が一体になって、六月二〇日、三井物産・住友銀行・富士銀行などの独占への大衆行動が展開され、これをきっかけとして、東京地評の総行動という形での独占への行動がこんにちにいたるも継続してたたかわれている。

その結果、名古屋精糖（丸紅・日商岩井）、大映（富士・埼玉銀行）、日本製紙（住友銀行・大昭和製紙）の争議で、独占を当事者として多くの勝利をかちとった。すでに使用者概念は、こんにちでは支配企業も使用者であり、それを追及することは、法理論をはるかにのりこえ、当然の組合運動であることが定着しつつある。

独占側も今日の系列・支配力からみて、たんに交渉に応ずるという消極的態度から一歩前進し、みずから使用者として積極的に解決にのり出す状況すらでている。

いずれにしろ川岸判決からわずか四年、「使用者」を直接雇用する者に限定せず、独占こそ真の使用者であるという、「使用者概念の拡大」をかちとったことはきわめて大きな成果であった。

そしてこのたたかいが当初の倒産・合理化問題から、こんにちでは組織攻撃、不当労働行為、さらに賃金闘争にも取り入れられようとしている。もし、この理論と実践の成果を労働者と労働組合が完全につかみ、産業別統一闘争にまで発展したならば、おのおのの企業内で、独占の不況攻撃で苦しんでいる労働者と労働組合が、真の敵独占資本とかみあうたたかいにたち上がることは必至である。

その意味で、この不況、かつてない大がかりな合理化・倒産という状況下の日本労働運動に、この「使用者概念の拡大」が大きな武器となることは明らかである。

（一九七四年一二月号『月刊労働問題』）

解題　失われし「争議屋」へのオマージュ……………………高井　晃

――日本労働運動は再生できるか

1　「争議屋」事始め

伝説の『争議屋』が甦った。初版は一九八二年に出され、多くの労働運動関係者に一万数千部をこえて読まれた。

『争議屋』は、じつは私が企画し旧知の飲み友達、論創社森下社長に持ち込んで日の目を見たものだ。そのころ、総評全国一般の末端にいた私の名前は全国金属書記長の本には出せないのが労働界の事情だった。そんな楽屋話はともかくとして、私が平沢栄一著『争議屋』を世に出したいと思ったのは、おおむね次の点にあった。

一　日本の労働運動は現場から遊離し、労働戦線統一論議などの上滑りな「政策制度要求」路線が蔓延しつつある。力をうしなっている労働運動に力を取り戻したい。

二　労働組合運動の原点は職場大衆に依拠する路線にあり、労働者の戦いのエネルギーを勝利へ導く指導方針が必要である、戦略―戦術の明確化が必要だ。

三　平沢さんと総評・全国金属の運動がきりひらいた「使用者概念拡大・法人格否認の法理」

ニッポン 人・脈・記 手をつなげ ガンバロー⑬

使い捨て派遣 見抜いた

平沢栄一さん（左）と高井晃さん

今月4日、参議院議員会館で労働者派遣法の改正を求めるシンポジウムがあった。野党各党の議員がきて、参加者が廊下まであふれるなか、労組「東京ユニオン」の高井晃(60)が報告にたった。

「人を育てず、都合よく使い捨てる経営者に、経営者を名乗る資格があるだろうか。これ以上、不安定で将来の見えない働き方を許すべきではない」

高井は、派遣で働く人からの相談を20年以上受け、派遣の問題点をいち早く指摘してきた。

大阪育ちの高井は早大生だった67年10月、学生寮でマージャン中、東京・羽田で機動隊と学生が衝突したとニュースで知った。首相佐藤栄作の南ベトナム訪問を阻止しようとした京大生が死んだ事件である。亡くなったのは郷里の後輩らしい。焦った。「いいのか、遊んでいて」

69年1月、東大安田講堂の籠城戦に加わり、逮捕・起訴された。裁判を闘うために就職せず、解体工事などのアルバイトで食いつなぎ、ちいさな会社の労組づくりにかかわっていく。

だが、ちいさな会社は、親会社や取引先の大企業の考え一つで、つぶされた。交渉で勝ち取った権利も、職場がなくなればおしまいだ。「打つ手はないのか」。悩んでいたとき、月刊「労働問題」で一つの論文を読み、目からウロコが落ちる思いをする。

「倒産反対と使用者概念の拡大」。こんな題がついた6㌻の論文には、親会社や銀行などに責任追及の手を伸ばせる、と書かれていた。筆者は当時、金属関連の中小企業で労組をつくっていた平沢栄一(82)。全国各地の労働争議に乗り込み、倒産企業の親会社に使用者責任を認めさせ、「争議屋」の異名をとった男である。

高井は、平沢の所に押しかけ、弟子になった。平沢は高井に、語って聞かせた。

人減らしを融資条件にした銀行に、はちまき姿で乗り込んだ富山の工員たち。親会社の社長夫人のもとに押しかけていった東京の町工場のパート女性たち……。

平沢はいった。「僕が学んだのは、必死にたたかう労働者たちからだよ」

そんな教えをうけた高井が、79年に仲間7人と立ち上げたのが東京ユニオンである。パート、請負、契約社員など、さまざまな働き方をする人たちから、年間4千もの相談がよせられる。

86年、派遣法が施行された。高井のもとに、ぽつぽつと相談がくるように。でも、深刻に考えなかった。会社に縛られずに働きたい時だけ働く、という専門職の悩みは、つかみきれなかった。

たたかう拠点に「争議屋」の哲学

関根秀一郎さん

ところが、ある女性誌で相談窓口として東京ユニオンが紹介されると、2カ月ほどで100件を超す相談が殺到した。「契約を一方的に切られた」「急に契約期間を短くされた」。高井は思った。

「派遣は不安定そのもの。将来、大きな問題になる」

高井は91年、弁護士の中野麻美(56)らと派遣労働ネットワークを立ち上げる。平沢に教わった「使用者概念の拡大」をして、派遣先の企業、さらに後には、その企業の持ち株会社にも派遣社員の雇用に責任をもつよう求めていった。

高井のことを「師匠」と呼ぶ、労組「派遣ユニオン」の書記長関根秀一郎(43)は、いま、日雇い派遣の問題の先頭に立つ。

自分で登録し、携帯電話で知らされた派遣先で働いた。産業廃棄物の処理や、解体現場の作業など、きつい肉体労働なのに、手取りは派遣会社に仲介手数料を3～6割も取られる。「ピン(1割)はね、どころじゃない」。8月、給料天引き分の返還を求めて、日雇い派遣大手グッドウィルを相手取った集団訴訟を起こした。

派遣法は改正を重ね、今やほとんどの業種への人材派遣が認められている。

04年の前回改正では、高井や関根たちによって、派遣先の企業に、一定期間はたらいた派遣社員が希望すれば直接雇用しなければならない義務を課した。来年の通常国会に向けた改正論議で、経済界は「採用の自由を侵害する」として、この義務をなくすよう求めている。押し返せるか、正念場である。

（鶴見知子）

路線は、とりわけ中小企業労働運動にとって欠くべからざるものであり、今後の労働運動の展望へとつながるものがある。

私が平沢さんのことを知ったのは雑誌『月間　労働問題』一九七四年一二月号の平沢論文（本書、「付論」参照）であった。平沢さんは「全国金属組織部長」の肩書きで勢いのある論文を書いていた。

そこでは、仙台川岸闘争など闘いの具体例をあげつつ「独占とかみ合う決意と戦術」を強調していた。「倒産反対と使用者概念の拡大」と題する小論文に、私は「目からうろこがおちる」思いがした。「使用者概念の拡大」という闘いの路線に、惚れてしまったのである。

その後、私は平沢さんの「追っかけ」というか、不肖の押しかけ弟子をもって任じた。ご本人からすれば、迷惑な話だったろうと思う（『朝日新聞』「手をつなげガンバロー⑬　二〇〇七年一〇月一八日、＊参照）。

東大安田講堂の戦いで逮捕され大学を中退した私は、

その後、中小企業労働運動に身を投じた。日本の真の革新は膨大な中小企業での民主主義の確立にある、と勝手に信じ込んでのことだ。

しかし、組合を作っても積んでは崩されの「賽の河原の石積み」のごとき中小企業労働運動にどう展望を見出すか。つまり「真の相手」をどう見出すかという自分自身の疑問にこたえきれていなかった。

そこに平沢論文が目に飛び込んできた。

「使用者」とはなにか。単なる「雇用主」を越えて、決定権を持つ背景の親会社、金融資本、商社にまでその責任を取らせる戦い、がそこにはあった。当時の言葉でいえば、独占資本にせまる戦いである。

全国金属と平沢栄一の展開した「使用者概念の拡大」「子会社法人格の否認」の戦いは、倒産との闘いという中小企業労働運動にとって避けることのできない課題の中から、背景資本に迫る道筋をひらいて、日本の労働運動に大きな光明となった。

中小企業労働運動は、この戦いの推進によって大きな展望を得ることになる。そしてそれは、一九七〇年代、親会社・背景資本への怒濤のような行動となって展開された。

ついに平沢さんは経営者団体「日経連」の賃金抑制方針を不当労働行為として労働委員会に救済済命令申し立てを行う。銀行、商社、大企業が労働組合の行動の標的となり、小さな企業の戦いでも目標を持って闘争を構築できた。「やられっぱなし」ではなくなった。

この『争議屋』は、その形成過程をダイナミックに描き、同時に、戦後を生きた一労働運動家の骨太の闘いをえがいた。

平沢さんの語り口は、ざっくばらんであるが、体系的に日本の戦後資本主義の展開過程を描くものとなっている。そしてそれに対応した労働運動の対策が描かれている。そこには、職場労働者の意地と労働者魂の中から、あらたな方針展開を見出す指導者としての平沢さんの真骨頂がある。

しかし、『争議屋』が出版された一九八二年以後の日本労働組合運動は、有為転変限りなく、無残というべきだろう。

一九八二年一一月、中曽根政権が成立した。本書『争議屋』出版の五月より半年のちのことである。「田中曽根」などと揶揄されつつも、「戦後政治の総決算」をかかげ、国鉄分割民営化、すなわち国労解体攻撃に出る。それは中曽根本人が後に自慢話として述懐するように「総評―社会党ブロックの解体」をねらった戦略的攻撃であった。

同じく一九八二年一一月、全民労協がスタート、労働戦線統一は本格化する。こうして、八五年プラザ合意、バブルのはじまりをへて八六年には国鉄民営化となる。八六年は、八五年に成立した労働者派遣法、雇用機会均等法がスタートした年でもある。そして八九年、ついに総評は解散し「連合」労働運動時代がはじまった。

労働組合は、小奇麗でスマートになったようだ。現場の匂いがだんだんと薄れていった。「力と政策」をかかげたナショナルセンター「連合」は、マスコミから「ペーパ連合」と揶揄されたこともあった。行動が伴わない政策、現場から遊離した「運動」では、労働者のこころの奥底に響かないのではないか。

2　使い捨て労働を許す日本社会

一九九五年、日経連（当時、現在は統合されて日本経団連に）は「新時代の日本的経営」政策を示した。これは、労働者を三つのタイプに分けることを宣言したものである。①長期能力活用型②専門能力活用型　③雇用柔軟型　という三つのタイプ、いやタイプというより「身分」に労働者を分類し、①のタイプだけが長期雇用で、あとは期間限定の有期雇用と宣言した。つまり、それまでの日本型「終身」雇用を放棄した。

これはまさに労働者を三つの身分に分割し支配することを宣言したものであるが、労働組合側からの反応は、鈍いものだったといわざるを得ない。

そしてそれからの、小泉―竹中改革ならぬ「大改悪」の事態に、労働組合、労働運動はどう対応したのか。

「規制緩和一般に反対ではない」とあいまいな態度をとり、結局のところ市場原理主義に屈服した。挙句の果てに労働法制の規制緩和に徹底的な戦いを挑めなかった。その結果、派遣法改悪に象徴されるような、労働法制の規制緩和を許してしまった。とどのつまり「自分の会社」を守ることに終始したのである。

一九九九年、派遣法はその姿を一八〇度変えた。「ネガティブリスト方式」と呼ばれる派遣の原則自由化方針である。さらに二〇〇四年には製造業派遣をも解禁した。

つまり「何でも」派遣で使いまわせるようになったのだ。派遣法制定時の「専門業務に限って」「熟練した技能労働者」という立法趣旨は、規制緩和の濁流に押し流された。派遣法の底が抜けたのだ。

財界はさらに、執拗に「派遣期間制限の撤廃」「事前面接の解禁」を要求している。労働者を派遣というシステムで、好きなだけ「つまみ食い」「使い捨て」のきく労働力として活用しようというのである。

まさに、要らなくなったら捨てる、「モノ」としての労働力の完成を求めているのである。

昨今の「派遣切り」の事態を目の当たりにしても、多くの労働組合が製造業派遣の禁止に反対したり、派遣法の社会的規制に反対している。まったく、何のための、誰のための労働組合か、と問い返してみたい。企業利益の擁護を第一に掲げる労働組合とは……。

私は一九九七年から一九九九年にかけて「労基法改悪NO！　派遣法改悪NO！」という全国キャラバン運動に取り組み、全国を駆け巡った。

そして四ネット方式と呼ばれた、問題の当事者たちを前面に出し発信させ、労働組合がこれをつつみサポートするというやり方で、労働法制の改悪を食い止めようとした。（派遣労働ネットワークや有期雇用ネットワークなどの課題別組織を前面に出し、労働組合はそれぞれの所属組織を問わず課題で共闘する方式）

当時、「立派な」労働組合は、「派遣法改悪反対」などに見向きもしてくれなかった。そこで編み出したいわば苦肉の手法といえる。私が問題にしているのは、その組合が「右」とか「左」とかいうことではない。「社会とのかかわり」という点において労働組合の立ち位置を問題にしている。連合も、連合評価委員会報告で「社会的な労働組合運動」をかかげたが、さて、実際にこの報告は実践されているのか。

当時の委員会メンバーが危惧したとおり「神棚に上げられた」ままではないのか。いくらいいことが書いてあっても、実践しなければ何の意味もない。いや、免罪符がある分だけ、たちが悪いと言えなくもない。

労働法制が改悪されようというのに、労働組合の動きは驚くほど鈍かった。それは今日でも、残念ながらそうである。いや、当時よりもっと鈍くなっているといわざるを得ない。労働法の改悪は、全労働者の処遇に直結するテーマのはずだ。したがって、自らの組合員も深く関係する課題だが、感度の鈍さには驚くばかりだ。組合員の家族にとっても重大な課題であることも言わずもがなだ。労働組合の目線は、どこを見ているのだろうか。

3 組織は頭から腐る

二〇〇八年暮れから二〇〇九年はじめ、わたしは連日、東京の日比谷公園にいた。二〇〇八年末から始まった「年越し派遣村」は日本社会の暗部を浮き彫りにした。製造派遣の現場で、即日解雇され住居からも追い出された労働者の群れ。東京日比谷公園に突如として出現した「派遣村」、そこをめざして日本の各地から歩いてきた労働者。炊き出しとテント、急をきいて駆けつけたボランティアたち。難民キャンプを髣髴とさせる「村」が東京霞ヶ関、厚生労働省のまん前に出現したのだ。

派遣村開村のひとつのきっかけは、私たち全国ユニオンが二〇〇八年一一月末に実施した「派遣切りホットライン」の衝撃だった。

派遣ネットやユニオンがいままでおこなった派遣トラブルホットラインとの決定的な違いは、相談の半数以上が「中途解約」＝「解雇」であり、同時に住居からもたたき出されるというものだった。厳冬をひかえ、このままでは凍死、餓死がでるのではないか。われわれは、悩んだ果てに「派遣村」の行動をはじめた。

のちにわかったことであるが、私たちの悪い予想は当たっていた。何人もの人が派遣切りの果てに「死」をとげていた。これが二一世紀ニッポンの現実だ。小泉―竹中改革と称する新自由主義政策は、日本社会を徹底的に打ち壊した。地方は疲弊し、シャッター通りが地方都市の象徴となった。

企業経営の面で言えば、株主主権のもと、短期的経営感が横行し、人間使い捨て政策が大手を振ってまかり通っている。労働組合は、これに向きあったのか？

派遣村運動はなにをしめしたか、さらに掘り下げて考えてみたい。

一　新自由主義・グローバリズムは極端な格差社会を生み出し、ついには現代における新たな貧困層を膨大に生み出した

二　派遣法など労働法制の規制緩和の果てに、雇用責任をもたず「モノ」として労働者を使用し、使い捨てる労働市場が跋扈した

三　短期的経営観、日本企業の残酷な人間使い捨て、企業利益至上主義の非道さを白日の下に晒した

しかし、ひるがえってみて、派遣切りを行ったそれぞれの会社の労働組合は、どうであったのか。ほんの一部で、期間工に寮を開放しようとしたとか言う動きを新聞報道などでみたが、派遣労働者の解雇に企業内労働組合が反対のアクションをおこしたとは風のうわさにも流れてこなかった。会社大事、御身大切ということなのか。

グローバリズムの前に労働組合は、たちすくんできた。いや、それどころかグローバル時代、大競争時代の企業防衛にまっさきに順応して、足もとの非正規労働者の生存権などには関心はないということなのか。

いまの企業防衛の意味するものは、なんだろうか。場合によっては、株主擁護すなわちハゲタカファンド擁護につながりかねない。労働組合のスタンスが問われているのではないか。

そして今日の派遣切りの中でただ一人の経営者も「責任を取って役員報酬をカットする」ことすら表明したとは聞いていない。

派遣切りに対して、ユニオンや民間団体のみならず自治体や政府も汗をかき始めているが、解雇を発動した張本人である派遣先企業（日本経済の中心であるはずの大企業）から、社会に対するメッセージは伝わってこない。さらにコンプライアンスとかＣＳＲとかを口にする企業、そして、そこの会社の労働組合は沈黙を守ったままである。

どうやら、日本の経営者たちは骨の髄まで拝金思想に侵されているようだ。組織は頭から腐る。企業別労働組合もまた、その同伴者となりさがったのであろうか。

4　いまこそ新たな「使用者概念の拡大」闘争を

いま、全国各地の個人加盟ユニオンにたくさんの派遣労働者、期間工が駆け込み闘いを開始している。しかし、これだけでは決定的に不十分である。労働運動総体での取り組みが問われているのだ。平沢さんたちの時代の全国金属は「産別統一闘争」の旗の下、総ぐるみで闘う労働運動であった。いま、こうした姿を見ることはない。

二〇〇九年末年始にかけて、ひとつの小さな労働争議が、志を持続させ越年した。東京品川駅前の「京品ホテル」闘争である。

二〇〇九年一月二五日、一〇〇〇名を越える警官隊、裁判所執行官によって暁の強制排除を受けた。わたしは、そのピケットラインの先頭で闘った。東京全域から四〇〇名の労働者が駆けつけ、共に固いスクラムでピケラインを張った。

京品ホテル闘争は、地域労働者の希望になった。幻になりつつあった「地域共闘」が、まちがいなくそこにはあった。わが東京ユニオン京品ホテル支部は、かのリーマンブラザーズグループと結託した経営者によるホテル廃業・全員解雇と闘い解雇翌日の一〇月二一日より労働組合による職場確保・自主営業を九六日間にわたって継続してきた。

最近では珍しくなった労働組合による自主管理闘争は、九月リーマンショック、それ以前から破綻の兆しを見せていた日本社会にあって、多くの人々の注目を浴び、支援の輪が広がった。

朝日新聞コラムニスト早野透は「拝金思想に一撃を食らわせよ」とコラムにこう書いた。

「そうなんだ、ドイツの社会学者マックス・ウェーバーが言ったように、もともと資本主義は、お客のため、社会のため、神のために商品を創りだす営みであって、金もうけのためのカジノではない。自分たちで自分を守るためにやむにやまれず立ち上がった組合よ、がんばれ。現代の拝金思想に一撃を食らわすために。」(『朝日新聞』「ポリティカにっぽん」二〇〇八年一一月二四日)

こんな社会では希望の光がさしてこない。絶望と虚妄が支配していく。人々の心が荒み、「希望は戦争」などという若者すら出てきているのだ。

若者たちは半分以上が派遣・有期契約などの非正規雇用におかれ、年収も二〇〇万円台が一〇〇〇万人を超える現状である、正規と非正規雇用の若者の結婚率は二倍もちがうという厚労省データも最近発表された。非正規雇用問題は、日本社会の第一級の課題ではないのか。

5　労働組合運動に問われるもの——「争議屋」魂、ふたたび

日本社会はすでに「持続困難型社会」になりつつあると、私は主張してきた。

相も変わらぬ輸出依存の経済、富の不公正な分配、規制緩和一辺倒の政治、介護労働に典型的にみられる低賃金依存型福祉社会、そして極めつけの非正規労働拡大による低賃金・不安定雇用・労働者つまみ食い使い捨て社会。

二〇〇八年九月リーマンショック以来の世界同時不況局面と、現在進行している派遣切りをはじめとした危機、非正規雇用の拡大問題に対して、労働運動は、もっと明確な社会的なメッセージを発する必要がある。

隣で働いている派遣労働者や期間工、非正規労働者たちが首を切られ職と住を失おうというとき、正社員だけ「賃上げ」を唱えても、社会的な支持をうけられるとは思えない。それに国民経済的観点から言っても、仮に正社員が四〇〇〇円から八〇〇〇円の賃金引上げをしても、このす

さまじい非正規切り派遣切りのつづくなかでは「内需拡大」どころか、一部の地域経済は壊滅的な打撃を受ける可能性すらあるのだ。

必要なのは「相互扶助」の観点であり、正規・非正規「すべての労働者」の生活確保であり、人間らしい生活・労働条件の確保である。非正規雇用労働者の労働条件の「底上げ」、雇用の確保と労働条件の改善、これなくして日本社会の活力の回復はありえない。

労働運動は労働者の相互扶助から始まった。「なさけは人のためならず」全体の労働者の労働条件の底上げの観点をなくしたとき、こんどは「労働条件が高すぎる」と正社員がバッシングをうけることになる。低位平準化、「逆均等待遇」の流れが起こる。すでに仕掛けられている公務員バッシングがその兆しである。いまこそ正規も非正規も「共に生きる」労働運動が問われている。

新自由主義の競争万能・市場至上社会ではなく、人間らしい福祉と生活を権利として保障する社会、ディーセントワーク（人間らしい労働）を全ての人に確保できる社会、つまり骨太の社会民主主義的政策が問われているのだ。

こうした局面は、いいかえれば、日本労働運動の再生のチャンスでもあるのだ。

もういちど、労働運動が友愛と連帯の輝きを取り戻すことができるのか、平沢『争議屋』にはたくさんのヒントが埋まっている。①産別統一闘争の復権、②地域共闘の再生、③背景独占資本への闘い（持ち株会社や金融ファンドへの闘い）、派遣先企業への使用者責任追及、④そしてなにより、現場の労働者に依拠した運動の構築、創意と工夫など。

会議室で議論するだけの労働組合は、もういらない。現場へとびだせ。

労働組合は、職場から放逐された。最近では、交渉も団体交渉より「労使協議会」ですまされ、年一回程度の名ばかりの団体交渉がある程度という組合も多い。労働組合は現場から遠ざかり会議室の中で逼塞している。

労働者の生活を守るとともに、社会を革新し、人間本位の社会に作り変えるのも労働運動の仕事だ。歌を忘れたカナリアではないが、全ての労働者のための戦いを忘れた労働組合は、いずれ労働者から捨てられることになろう。

誰にでも人らしく生きる権利がある。労働者はモノではない。人間の尊厳を、これ以上、おとしめさせてはならない。労働運動は、その最先頭で働くべきだ。原点にかえれ。そしてそこにこそ、労働運動再生の鍵がある。――「争議屋」の魂、ふたたび。


先日、久しぶりにお会いした平沢さんは、昔の総同盟時代、総評時代、そして左派社会党、さらには高野派青年将校としての思い出をチューハイ片手に語られた。元気な八三歳だ。私がもっとも印象に残った言葉はこれだ。――「かつては、総評だろうが同盟だろうが、みんな〝全労働者のために〟と労働組合をかたった。いまはどうなんだ、会社、ウチの会社か」

（たかい・あきら）

＊ニッポン人・脈・記　手をつなげガンバロー⑬

（『朝日新聞』二〇〇七年一〇月一八日）

使い捨て派遣見抜いた――たたかう拠点に「争議屋」の哲学

今月4日、参議院議員会館で労働者派遣法の改正を求めるシンポジウムがあった。野党各党の議員がきて、参加者が廊下まであふれるなか、労組「東京ユニオン」の高井晃（60）が報告にたった。

「人を育てず、都合よく使い捨てる経営者に、経営者を名乗る資格があるだろうか。これ以上、不安定で希望の見えない働き方を許すべきではない」

高井は、派遣で働く人からの相談を20年以上受け、派遣の問題点をいち早く指摘してきた。

大阪育ちの高井は早大生だった67年10月、学生寮でマージャン中、東京・羽田で機動隊と学生が衝突したとニュースで知った。首相佐藤栄作の南ベトナム訪問を阻止しようとした京大生が死んだ事件である。亡くなったのは郷里の後輩らしい。焦った。「いいのか、遊んでいて」

69年1月、東大安田講堂の籠城戦に加わり、逮捕・起訴された。裁判を闘うために就職せず、解体工事などのアルバイトで食いつなぎ、ちいさな会社の労組づくりにかかわっていく。

だが、ちいさな会社は、親会社や取引先の大企業の考え一つで、つぶされた。交渉で勝ち取った権利も、職場がなくなればおしまいだ。「打つ手はないのか」。悩んでいたとき、月刊「労働問題」で一つの論文を読み、目からウロコが落ちる思いをする。

「倒産反対と使用者概念の拡大」。こんな題がついた6ページの論文には、親会社や銀行などに責任追及の手を伸ばせる、と書かれていた。筆者は当時、金属関連の中小企業で労組をつくっていた平沢栄一（82）。全国各地の労働争議に乗り込み、倒産企業の親会社に使用者責任を認めさせ、「争議屋」の異名をとった男である。

高井は、平沢の所に押しかけ、弟子になった。平沢は高井に、語って聞かせた。

人減らしを融資条件にした銀行に、はちまき姿で乗り込んだ富山の工員たち。親会社の社長夫人のもとに押しかけていった東京の町工場のパート女性たち……。

平沢はいった。「僕が学んだのは、必死にたたかう労働者たちからだよ」

そんな教えをうけた高井が、79年に仲間7人と立ち上げたのが東京ユニオンである。パート、請負、契約社員など、さまざまな働き方をする人たちから、年間4千もの相談がよせられる。

86年、派遣法が施行された。高井のもとに、ぽつぽつと相談がくるように。でも、深刻に考えなかった。会社に縛られずに働きたい時だけ働く、という専門職の悩みは、つかみきれなかった。ところが、ある女性誌で相談窓口として東京ユニオンが紹介されると、2カ月ほどで100件を超す相談が殺到した。「契約を一方的に切られた」「急に契約期間を短くされた」。高井は思った。

「派遣は不安定そのもの。将来、大きな問題になる」

高井は91年、弁護士の中野麻美（56）らと派遣労働ネットワークを立ち上げる。平沢に教わった「使用者概念の拡大」をして、派遣先の企業、さらに後には、その企業の持ち株会社にも派遣社員の雇用に責任をもつよう求めていった。

高井のことを「師匠」と呼ぶ、労組「派遣ユニオン」の書記長関根秀一郎（せきねしゅういちろう）(43)は、いま、日雇い派遣の問題の先頭に立つ。

自分で登録し、携帯電話で知らされた派遣先で働いた。産業廃棄物の処理や、解体現場の作業など、きつい肉体労働なのに、手取りは派遣会社に仲介手数料を3〜6割も取られる。「ピン（1割）はね、どころじゃない」。8月、給料天引き分の返還を求めて、日雇い派遣大手グッドウィルを相手取った集団訴訟を起こした。

派遣法は改正を重ね、今やほとんどの業種への人材派遣が認められている。

04年の前回改正では、高井や関根たちによって、派遣先の企業に、一定期間はたらいた派遣社員が希望すれば直接雇用しなければならない義務を課した。来年の通常国会に向けた改正論議で、経済界は「採用の自由を侵害する」として、この義務をなくすよう求めている。押し返せるか、正念場である。

（鶴見知子）

平沢栄一（ひらさわ・えいいち）
1925（大正14）年、新潟県小千谷に生まれる。1946（昭和21）年、日本労働組合総同盟結成準備会書記となり、1953（昭和28）年、全国金属労働組合中央本部常任書記を経て、1975（昭和50）年、全国金属中央本部書記長、その間、青婦対策部長、争議対策部長、業種別対策部長、組織部長を歴任。中央最低賃金審議委員、中央労働委員会委員などを務める。

高井　晃（たかい・あきら）
1947年、生まれ。1970年、早稲田大学第一政経学部政治学科中退。現在、NPO法人派遣労働ネットワーク理事、派遣ユニオン副委員長、労働組合東京ユニオン執行委員。著書に『ユニオン力で勝つ』（旬報社）など。
連絡先＝労働組合東京ユニオン tel. 03-5338-1266

争議屋――戦後労働運動の原点

2009年7月15日　初版第1刷印刷
2009年7月20日　初版第1刷発行

著　者　平沢栄一
発行者　森下紀夫
発行所　論 創 社
東京都千代田区神田神保町2-23　北井ビル
tel. 03（3264）5254　fax. 03（3264）5232　web. http://www.ronso.co.jp/
振替口座　00160-1-155266

印刷・製本　中央精版印刷

ISBN978-4-8460-0862-8